Meijerink: Die Frau aus New York

Gerda Meijerink, 1939 in Utrecht geboren, studierte Germanistik und ist heute Dozentin an der Universität Amsterdam. Neben ihrer Hochschultätigkeit hat sie Bücher von Thomas Hürlimann, Botho Strauss und Michael Krüger ins Niederländische übersetzt. Sie hat sich auch als Rezensentin deutschsprachiger Gegenwartsliteratur in den Niederlanden einen Namen gemacht. »Die Frau aus New York« ist ihre erste Buchpublikation.

Gerda Meijerink

Die Frau aus New York

Eine Novelle

Aus dem Niederländischen
von Rosemarie Still

Feministischer Buchverlag

Die Originalausgabe ist unter dem Titel
»De vrouw uit het Holoceen«
im Verlag Arbeiderspers, Amsterdam, erschienen.

Zweite Auflage 1990
Feministischer Buchverlag Anke Schäfer
Postfach 5266, 6200 Wiesbaden

Umschlaggestaltung: Annelore Ernst, Wiesbaden
Titelkollage: Lise Dore Hilbert, Berlin
ISBN 3-922229-11-5
(erste Auflage
ISBN 3-250 01018-9)

Für Pamela

Das Hotel lag über einem Stausee auf einem hohen Ufer, und das Wasser klatschte gegen die Böschung wie gegen einen Deich. Am westlichen Ufer, versicherte uns die Eigentümerin des Hotels, gäbe es flache Stellen, eine Art Strände, wo man das Wasser erreichen könne und wo Schwimmen erlaubt sei. Wir sollten nur den Schildern »Zeltplatz« folgen, dann könnten wir es nicht verfehlen.

Auf dem Weg zu unseren Zimmern gingen wir an einer alten Dame und an einem Mädchen vorbei, das einen Stapel Laken trug. Im Zwischenstock stand ein Gummibaum auf einem Nierentisch aus Kunststoff. Ab halb sieben könnten wir essen, sagte die Eigentümerin, und ob wir unsere Abreise einen Tag vorher ankündigen wollten, wegen des schlechten Wetters hätte sie im Moment wenig Gäste, für das Wochenende erwarte man jedoch besseres Wetter, und dann könnte es voll werden.

Unsere Zimmer lagen einander gegenüber. In beiden standen Doppelbetten, wir hatten es der Unterbelegung des Hotels zu verdanken, daß wir sie zum Einzelzimmerpreis bekamen. Seit Mittag wußte ich, daß ich mich auf der falschen Reise, im falschen Land, in der falschen Begleitung befand.

Den Koffer packte ich nur zur Hälfte aus, länger als zwei, drei Tage würde es nicht dauern. Einen Augenblick lang sah ich mich wieder mit gepacktem Koffer die Treppe hinuntergehen und hinter dem Gummibaum verschwinden. Ich meldete meiner Begleitung, daß ich müde sei und sie in einer Stunde unten im Restaurant treffen würde. Ich legte mich aufs Bett. Die lange Autofahrt hatte mich wie immer sexuell leicht erregt, und ich fing an, mich selbst zu befriedigen. Einen Orgasmus erreichte ich allerdings nicht. Mittendrin bekam ich Lust auf eine Zigarette, ich steckte mir eine an, und mit nur einer Hand und der Unmöglichkeit, mich auf etwas Aufreizendes zu konzentrieren, blieb es bei einem leicht zerstreuten Genuß. Am liebsten hätte ich stundenlang weitergemacht, aber Verabredung war Verabredung, und deshalb zog ich mich schnell um. Nach kurzem Zögern beschloß ich, mich etwas auffälliger als sonst zurechtzumachen und mir auch die Lippen zu schminken. Ich hatte Gründe, anzunehmen, daß das nicht in das Bild paßte, das meine Begleitung sich von mir machte, und der Gedanke an ihr Bild von mir war mir unerträglich.

Tatsächlich reagierte sie erstaunt und auch ein wenig empört: “You don’t need such things!” Auf einmal sprach sie englisch, obwohl wir vorher deutsch gesprochen hatten. Im Hinblick auf die anderen Gäste war das kein übler Entschluß, so konnten wir uns ungezwungener unterhalten, obwohl zunächst das Interesse für unseren Tisch nach unseren ersten Worten zuzunehmen schien. Die alte Dame, die wir am Nachmittag bereits gesehen hatten, saß allein an einem Tisch, ansonsten waren nur Ehepaare mit Kindern im Speisesaal.

Ich hatte keine Ahnung, was ich mit der Frau, die mir gegenübersaß, anfangen sollte. An den Abend und an die Nacht dachte ich mit Entsetzen, an die noch folgenden Tage wollte ich gar nicht erst denken. Fast mechanisch führte ich ein Gespräch mit ihr, das sie leitete und das eine gemeinsame Bekannte betraf, an deren Äußeres ich mich kaum erinnern konnte. Ich bestellte ein großes Bier, nicht ohne Kommentar ihrerseits, sie verabscheute Alkohol und meinte, mich wegen meiner sich doch in Grenzen haltenden Trinkfreudigkeit aufziehen zu müssen. Augenzwinkernd prostete ich ihr zu. Diese Geste schien das Eis einigermaßen zu brechen, und unser Gespräch wurde etwas persönlicher. Sie erkundigte sich nach meiner Arbeit, nach meiner Reise, die mich vor kurzem in einige südspanische Städte geführt hatte, nach meinen Arbeitsplänen für die nächste Zeit. Nach meinen häuslichen Umständen fragte sie nicht, das würde das Intime berühren, und sie hatte anscheinend nicht die Absicht, sich jetzt schon damit auseinanderzusetzen. Damit machte sie es mir leicht, ich hätte kein vernünftiges Wort darüber sagen können, und wenn ich eine Antwort schuldig bliebe, hätte sie bestimmt Schlüsse gezogen. Wahrscheinlich die richtigen.

Allmählich gelang es mir, sie etwas genauer zu betrachten. Ihre Augen hinter der kleinen Brille kannte ich, es fiel mir nicht schwer, sie anzusehen, jedenfalls solange sie die Brille nicht abnahm. Als sie einmal die Brille abgenommen hatte, war etwas in ihren Augen, das mich gleichzeitig anzog und abschreckte, ihren Blick konnte ich damals nur schwer erwidern. Sie war kleiner, als ich sie in Erinnerung hatte, und ihre jetzige Kleidung stimmte nicht mit dem Bild überein, das ich mir bei unserer Begegnung in New York von ihr gemacht hatte. Das war im November gewesen; sie trug damals häufig eine Wollweste über dem Pullover und auf der Straße einen Pelzmantel, der ihr etwas Elegantes verlieh. Die Sommerbluse, die sie jetzt unter einer zartgrünen Weste trug, war am runden Kragen und auf der Brusttasche bunt bestickt und ausgesprochen zickig. Ob sie eine Hose oder einen Rock anhatte, konnte ich über den Tisch hinweg nicht sehen. Als ich sie an diesem Mittag vom Bahnhof in D. abholte, trug sie einen Rock, aber ich konnte mich beim besten Willen nicht mehr erinnern, wie er aussah. Ich wußte nur noch, daß ich in den wenigen Sekunden, in denen ich sie wahrnahm, als sie mit dem Kofferkuli wartend in der Halle stand und mich noch nicht bemerkt hatte, leicht schockiert war. Sie war so unansehnlich, »bieder« nennt man das in diesem Land, daß ich sie bestimmt keines Blickes gewürdigt hätte, wäre sie eine Unbekannte gewesen. Mit dieser Frau sollte ich schlafen – hatte ich geschlafen –, und dazu hatte ich überhaupt keine Lust mehr. Trotzdem ließ ich mich noch zu einem überraschten Ausruf ihres Namens hinreißen, was sie jedoch keinesfalls würdigte, denn sie reagierte zurückhaltend und sprach meinen Namen in feststellendem Ton aus, in dem zumindest Anerkennung über mein Pünktlichsein enthalten war. Sie wählte eine Begrüßung, wie sie unter Geschäftsleuten üblich ist, die sich zwar täglich sehen, aber sonst nichts miteinander zu tun haben. Ein Begrüßungskuß war da natürlich fehl am Platze. Ich gab mein Rollenspiel auf, dirigierte sie zum Auto, half ihr beim Anschnallen des Sicherheitsgurts und überließ ab sofort ihr die Regie. Die drei Stunden lange Fahrt zum Stausee verbrachten wir dann auch hauptsächlich schweigend. Ein einziges Mal lächelte sie etwas geziert und sagte, sie finde es seltsam, neben mir zu sitzen. Als Antwort zitierte ich eine Zeile aus Shakespeares »As you like it«, worauf sie aber nicht einging.

Die Suppe aß sie nur zur Hälfte auf. Das Curryhuhn mit Reis, das uns anschließend serviert wurde, machte mir mit Bedauern deutlich, daß wir durch das Halbpension-Arrangement davon abhängig waren, was uns die Küche vorzusetzen beliebte. Ich dachte an die Zigeunersteaks und Jägerschnitzel, die mir jetzt entgingen, und nahm mir vor, mich am nächsten Tag daran gütlich zu tun. Meine Begleitung war mit dem aufgetischten Hauptgericht sehr zufrieden, leichte Verdaulichkeit war für sie ein wichtiger Gesichtspunkt, und auch das obligatorische Schüsselchen mit gemischtem Salat verzehrte sie ganz. Die Zigarette, die ich mir noch vor dem Dessert ansteckte, bewirkte bei ihr ein Hochziehen der Brauen, dem ein Lächeln der Nachsicht folgte. Ich dachte an die Zigarette nach dem Liebesspiel, die sie mir bestimmt nur unter Protest erlauben würde, und gewiß würde sie es auch nicht unterlassen, mich auf das Ungesunde von Zigarettenrauch im Schlafzimmer hinzuweisen. Was sollte ich mit dieser Frau anfangen? Ich wollte nicht mit ihr ins Bett, aber ich käme bestimmt nicht darum herum: ich würde mich zweifellos von neuem zu einer Begierde hinreißen lassen, die ich bisher mit niemand anderem, Mann oder Frau, erlebt hatte. Den Gedanken daran schob ich unwillig beiseite.

"Tell me darling, what are your plans for tomorrow?” fragte sie plötzlich. Erschreckt vom Wort »darling« stieß ich den gerade inhalierten Rauch aus, mußte husten, sie fächelte mit den Händen in meine Richtung und sagte etwas Unverständliches, was aber bestimmt soviel bedeuten sollte wie »jeder kriegt, was er verdient«. »Well«, begann ich, sah aber ein, daß ich ihr die Regie überlassen sollte, und hörte abrupt auf. In der Tat war sie schon dabei, Pläne zu machen, wie nicht zu spät aufstehen, auch bei schlechtem Wetter einen langen Spaziergang machen, kurzer Mittagsschlaf nach leichter Mahlzeit, später, wenn unverhofft die Sonne schiene, Schwimmen, andernfalls vielleicht in ein Museum oder in eine Ausstellung gehen, die Zeit würde sowieso wie im Fluge vergehen. Mir war alles recht. Zum Glück hatte ich ihr gleich angedeutet, daß ich Besuch erwartete, der sich auf der Durchreise aus Skandinavien für diese Woche angesagt hätte, und daß ich deshalb telefonischen Kontakt mit zu Hause halten müsse. Die geplanten fünf Tage am Stausee könnten sich dadurch vielleicht verkürzen, hatte ich mit bedauernder Miene hinzugefügt.

Nach dem Essen bestellte ich einen Kaffee. Sie wollte nichts. Auf den Cognac verzichtete ich, denn ihr zu erwartender Kommentar vergällte ihn mir. Ich begann, eine lange Geschichte über eine Gruppe von Zigeunern zu erzählen, die mir in

Sevilla beinahe die Tasche gestohlen hätten, aber sie unterbrach mich und schlug vor, bei einem Spaziergang weiterzureden. Ich hielt die Kaffeetasse in Augenhöhe und bat sie mit einer Gebärde um noch ein wenig Geduld. Lächelnd nickte sie mir über die Tasse hinweg zu.

Das Dorf schien wie ausgestorben; Touristen zeigten sich nicht, die Leute waren bestimmt alle zu Hause, weil an diesem Abend im Fernsehen ein großes internationales Sportereignis übertragen wurde, das ich mir auch gern angeschaut hätte. Ich wagte nicht, meiner Begleitung vorzuschlagen, uns dieses Programm anzusehen, es hätte ihr garantiert verächtliche Bemerkungen über Kulturbarbarismus entlockt – Fernsehen tut man nicht und damit basta.

Vor uns lag die Talsperre. Ein Weg für Fußgänger und Radfahrer führte oben drüber weg, hier und da standen Blumenkästen aus Beton mit Geranien und Petunien. Die Wolken hingen so tief, daß wir die andere Seite des Stausees, der rechts von uns lag, nicht sehen konnten. Am Ende der Talsperre tauchten dunkle Wälder auf, links von uns lag ein schmaler Überlauf des Stausees, dessen brackiges Wasser schwer an die Ufer drückte.

Nach der Fortsetzung der Zigeunergeschichte fragte sie nicht, und wir schwiegen, bis sie etwa auf der Mitte des Weges meine Hand nahm und hineinzwickte. »Schön, daß du gekommen bist.« Jetzt sprach sie wieder deutsch. Mir war das egal, denn weder Deutsch noch Englisch war für eine von uns beiden die Muttersprache. Sie war in Ungarn geboren und aufgewachsen, ihre Mutter war Rumänin, und wenn ich mich recht erinnerte, war auch ihr Vater kein gebürtiger Ungar. Während einer langen Fahrt in der New Yorker U-Bahn hatte sie mir die komplizierte Geschichte ihrer Herkunft erzählt. Zur Zeit des ungarischen Aufstandes war sie geflohen, hatte erst in Westdeutschland gewohnt und war dann schließlich in die Vereinigten Staaten emigriert, wo sie jetzt als Molekularbiologin am Forschungsinstitut einer New Yorker Universität arbeitete. Unsere Biographien boten keinen einzigen Berührungspunkt, unsere Interessen gingen weit auseinander, meine Begeisterung für die verschiedensten Dinge wehrte sie immer leicht mitleidig ab, als würde ich mich noch in einem Stadium befinden, das sie schon lange hinter sich hatte und aus dem ich gewiß eines Tages mit inzwischen ausreichender Skepsis erwachen würde. Meine Hand hatte sie wieder losgelassen. Ich vergrub sie tief in meiner Manteltasche und ging leicht fröstelnd mit hochgezogenen Schultern neben ihr her. Die Umgebung sagte mir nichts. Voller Wehmut dachte ich an die sanften

Hügel Südspaniens, die Sonnenblumenfelder, das blendende Licht, die glitzernden Gipfel der Sierras bei Granada, das hohe Pfeifen der Schwalben in der Alhambra. Deutschland, welch ein Schrecken! Wie oft war ich aus dem Süden über den Brenner oder durch den Montblanc-Tunnel gekommen, hatte sehen müssen, wie sich strahlender Sonnenschein in Regenwetter verwandelte, um nach einigen Stunden Fahrt durch Österreich oder die Schweiz, beide gerade noch annehmbar, in der Bundesrepublik dann das volle Gewicht des germanischen Europa wie eine Faust auf mich niedersausen zu spüren. Plötzlich wurde mir bewußt, daß es meine Wahl war, uns hier zu treffen. Sie hatte Frankreich vorgeschlagen, aber die Entfernung schien mir für die paar Tage zu groß, obwohl ich mich jetzt fragte, ob nicht andere Motive eine Rolle gespielt hatten. War es nicht so, daß ich mein geliebtes Frankreich, in das ich immer meine jeweilige Geliebte mitnahm, nicht mit ihr teilen wollte? Nur die Normandie war noch frei von Erinnerungen, aber wenn ich an diese Gegend dachte, kamen mir Nieselregen und Wind in den Sinn und Bilder von Kriegsgräbern und verfallenen Bunkern. Die Umgebung, in die ich mich jetzt begeben hatte, paßte vollkommen zu meiner inneren Einstellung dieser Frau gegenüber. Irgendwie war ich damit beschäftigt, mich selbst gehörig zu bestrafen. Aber für was?

Ich mußte plötzlich laut lachen. Das faßte sie so auf, daß sie mir sagte, sie selbst könne es auch noch nicht recht glauben, daß wir wieder zusammen seien. In New York hätte sie sich das nicht vorstellen können. Es wäre deutlich eine einmalige Angelegenheit gewesen, jedenfalls hätte sie das so empfunden. Aber etwas, fuhr sie fort, wäre bei aller Erfüllung unbeantwortet geblieben, und der Brief, den sie mir zu Weihnachten geschrieben hatte, wäre zwar gegen unsere Abmachung, aber notwendig gewesen.

Der Brief. Er hatte mich erreicht, als ich mit meiner Partnerin, mit der das Verhältnis lange Zeit problematisch gewesen war, eine neue Verliebtheit erlebte, vor allem ein Aufleben unserer sexuellen Bedürfnisse, aber auch die Zärtlichkeit und Wärme der Anfangszeit war wieder zurückgekehrt. Wir lachten viel und verbrachten etliche Stunden im Bett, wir liebten uns, wann es uns in den Sinn kam, manchmal dreimal am Tag. Vor allem an den Nachmittagen, wenn wir in unserem ruhigen Haus an den Schreibtischen saßen und scheinbar konzentriert mit Büchern beschäftigt waren, bekamen wir Lust. Den Brief hatte ich eines Morgens im Bett gelesen, während meine Freundin nach einem trägen Liebesspiel, das zu einem faulen Morgen paßt, sich im Halbschlaf wieder an mich geschmiegt und ihre Hand auf die Innenseite meiner Schenkel gelegt hatte, »wie ein Wächter am Tor«, pflegte sie dabei zu sagen. Es war ein ausgesprochen erotischer Brief. Außer dem Datum, der Anrede (My love), der Unterschrift und einem PS, in dem sie schrieb, daß sie hoffe, mich bald zu sehen, enthielt er eine detaillierte Beschreibung eines Liebesspiels, das große Ähnlichkeit mit dem hatte, was ich in ihrem New Yorker Appartement mit ihr erlebt hatte. Aber der realistische Bericht darüber enthielt außerdem Phantasien über Situationen, die ich nie auszusprechen gewagt hätte, geschweige denn aufzuschreiben. Was mich jedoch am meisten in Verlegenheit brachte, war die Ausführlichkeit, mit der sie meinen Körper beschrieb. Jedes Geheimnis wurde hier schamlos enthüllt. Sie mußte ganz genau hingesehen haben, jeder Fleck und Pickel, jede Höhle und Wölbung, jede Hautschattierung hatte sie wahrgenommen, und auch für den Geschmack meiner Körpersäfte und Ausdünstungen hatte sie eine reiche Auswahl nuancierter Ausdrücke gefunden. Mir brach der Schweiß aus. Ich überflog die sechs zierlich beschriebenen Seiten, überschlug halbe Absätze, fing Bilder auf, in denen ich mir selbst in allen Phasen und Stadien der Erregung begegnete, ich hörte beinahe die Geräusche, die ich dabei produzierte und die hier mit großer

Exaktheit beschrieben waren. Allmächtiger Gott. Was geschah mit mir. Ich mußte aufstehen. Sofort. Meine Freundin gab einen unzufriedenen Seufzer von sich, murmelte etwas und zog sich die Decke über die Ohren. Ich legte die Weihnachts- und Neujahrskarten, die unter der Post waren, neben sie aufs Kopfkissen, nahm den amerikanischen Brief mit ins Badezimmer, schüttete zuviel Badeöl in die Wanne, die ich mit weit aufgedrehten Hähnen voll Wasser laufen ließ. Vom Dampf und dem betörenden Geruch des Badeöls halb betäubt, ließ ich das Badewasser wieder unbenutzt ablaufen und duschte mich. Jetzt vor allem Bewegung und Aktivität. Ich fühlte mich mißbraucht, ein Schamgefühl überkam mich, das ich mit viel Wasser und reichlich Seife abzuwaschen versuchte. Die angenehme Zufriedenheit, die das sanfte Streicheln meiner Freundin bei mir bewirkt hatte, war wie weggeblasen. "Bitch, goddam bitch", brachte ich ab und zu heraus.

»Deine Antwort hat mich sehr gefreut«, sagte meine Begleitung jetzt. Ich murmelte etwas in mich hinein. Wir waren am Ende der Talsperre angekommen, hohe Fichten umringten uns, es war hier schon fast dunkel. Einen Augenblick hatte ich Angst, sie würde mich umarmen, aber ich besann mich, daß es nicht ihre Art war, derartige Annäherungen zu suchen. Außerdem schützte mich die Tatsache, daß ich nahezu einen Kopf größer war als sie.

Ein dunkler Weg führte in den Wald, weiterzugehen war nicht verlockend, schließlich mußten wir die gleiche Strecke noch einmal zurücklegen, und da ich nicht erwartete, daß sich hinter einer der Biegungen eine Waldschenke befand, die ein logischer Wendepunkt hätte sein können, schlug ich vor, umzukehren. Im Dorf hatte ich einige Gaststätten gesehen, und ich hatte Lust auf Alkohol. Sie erriet meine Gedanken und sagte spöttisch, daß wir uns jetzt sicher auf den Weg zu einer Schnapsbude machten, aber sie protestierte nicht.

Es war erst neun Uhr. Im Wirtshaus standen ein paar Männer an der Theke, und an einem Tisch saß das Mädchen, das im Hotel die Laken getragen und uns später, ein weißes Schürzchen umgebunden, das Essen serviert hatte. Sie war in Begleitung einer Freundin, der sie flüsternd Auskunft über uns erteilte, nachdem sie uns mit einem überraschten Lächeln begrüßt hatte. Das arme Kind. Wie langweilig für sie, in so einem Nest eingesperrt zu sein. Keine einigermaßen bedeutende Stadt in der Nähe, wo man mal richtig ausgelassen sein konnte; schwer arbeiten, in den wenigen freien Stunden von zu alten und uninteressanten Männern umgeben, mit denen sie, auch würde sie es wollen, nicht anbändeln konnte, weil sie dem Ruf des Hotels nicht schaden durfte.

Durch eine offenstehende Tür sah ich einen üppig geschmückten Saal, in dem lange Reihen weißgedeckter Tische standen. Der Wirt, der uns die Getränke brachte, folgte meinem Blick und zeigte auf ein großes Plakat neben uns an der Wand. »Heimatabend« stand darauf. Der sollte am nächsten Abend in diesem Saal stattfinden. Wir seien herzlich willkommen. Ich fragte ihn, ob er denn, angesichts der wenigen Touristen im Dorf, ein großes Publikum erwarte, aber er war zuversichtlich und erwiderte, daß aus den umliegenden Dörfern viele Leute herbeiströmen würden. Es gäbe nun mal ein Bedürfnis nach Unterhaltung, vor allem, wenn das Wetter so schlecht bliebe.

Ich versuchte langsam zu trinken und fragte mich, was ich mir nach dem Kräuterschnaps genehmigen könnte, ohne am nächsten Tag Kopfschmerzen und andere Folgen zu riskieren. Mit »Bier auf Wein, Wein auf Bier« und den dazugehörigen Reimwörtern kam ich nicht viel weiter. Dann eben Wein. Meine Begleitung trank Apfelsaft. Ich erinnerte mich, daß sie sich damals in New York richtig gefreut hatte, als man die renommierte Frauenkneipe »The Dutchess« trockengelegt hatte. Eine von der Polizei schlau errichtete Falle war dem vorausgegangen, wobei, wie behauptet wurde, Männer diskriminiert worden waren. Alkohol sei keine Voraussetzung dafür, so eine Kneipe in Schuß zu halten, behauptete sie damals. Frauen könnten auch ohne dieses männliche Attribut für Atmosphäre sorgen. Mit selbstgerechter Zufriedenheit hatte sie große Gläser Mineralwasser getrunken, denn Cola war bei ihr natürlich verpönt. Die Tatsache, daß »The Dutchess« einige Wochen später geschlossen wurde, hatte sie wahrscheinlich sehr überrascht.

An jenem Novemberabend in New York sah ich in der Toilette der fast leeren Kneipe einen Zettel hängen, auf dem die Adresse einer neu eröffneten Frauenbar in Soho stand. »Exclusive, erotic« wurde versprochen. Es gelang mir, sie zu überreden, mitzukommen, es war nicht weit von der Bleecker Street, wo sie wohnte, entfernt, und mein Hotel lag an der Westseite des Washington Square. Spät am Abend hätte ich doch, um keine unnötigen Risiken einzugehen, ein Taxi nehmen müssen. Wir waren zu jener Zeit nicht viel mehr als Bekannte, wir hatten uns eine Woche davor bei einem Symposion über Frauen und Wissenschaft in einem Saal der New York State University kennengelernt. Sie hatte deutlich eine feministische Position eingenommen, aber ich wußte wenig von ihr und war nicht einmal sicher, ob sie sich sexuell für Frauen interessierte. In der hinter uns liegenden Woche hatte sie ein paar Begegnungen arrangiert, immer in Gesellschaft anderer Frauen; es waren überwiegend Feministinnen dabei, deren Wurzeln fast alle noch in Europa gründeten – osteuropäische Emigrantinnen aus den fünfziger und sechziger Jahren und einige jüdische Frauen polnischer oder deutscher Abstammung, die in den dreißiger Jahren in die Vereinigten Staaten gekommen waren. An diesem Abend waren wir zum ersten Mal unter uns, ich sollte am nächsten Tag abreisen.

Die Bar in Soho war »private«, wir mußten uns ausweisen und fünf Dollar Eintritt bezahlen. Das Ganze war viel aufwendiger als die kahle »Dutchess«. Eine große ehemalige Fabrikhalle war architektonisch fachkundig unterteilt worden, man konnte richtig in den sich auch von der Atmosphäre her unterscheidenden Räumen umherstreifen. An verschiedenen Stellen wurde getanzt, es war voll, Frauen hingen in Trauben an den Bars, und es wurde intensiv geflirtet. Ich begegnete dauernd herablassenden, eindringlichen oder beobachtenden Blicken, und es dauerte eine Weile, bevor ich dieses Spiel mitspielen konnte. Es blieb vorläufig beim Schauen. Ich fragte mich, ob ich bestimmte Signale übersah, denn ich begriff nicht, wie die Frauen sich über die weitläufigen Tanzflächen hinweg verständigten, bevor sie aufeinander zuliefen, um dann eng umschlungen miteinander zu tanzen. Es gab auch Dragoner-Frauen, die, streng und eine Ablehnung von vorneherein ausschließend, auf eine Frau zugingen und sie gebieterisch zur Tanzfläche führten. Ich war zum Glück für diesen Frauentyp nicht anziehend genug, so daß ich keinen Überfall zu befürchten brauchte. Zufrieden lehnte ich mich in dem mit einem Jugendstilmotiv bezogenen Sofa zurück. Meine Begleitung ließ sich schräg gegenüber von mir nieder; durch meine zurückgelehnte Haltung und die laute Musik war ein Gespräch unmöglich, und ich nickte ihr vergnügt zu. Sie machte eine fragende Gebärde in Richtung der Tanzfläche, doch ich schüttelte den Kopf. "Just look around" formte ich mit dem Mund. Sie fühlte sich anscheinend nicht ganz wohl in ihrer Haut. Auf mein Drängen, einmal etwas anderes als Selters zu trinken, hatte sie sich, wie ich, einen Whisky pur bestellt und saß mit dem schweren Glas in der Hand da, als würde es sich um einen glühenden Lavabrocken handeln. Bis jetzt hatte sie nur daran gerochen.

Auf der Tanzfläche erregten zwei wunderschöne schwarze Frauen die Aufmerksamkeit, die auf eine fast professionelle Art und Weise miteinander tanzten. Die eine trug einen maßgeschneiderten schwarzen Anzug mit einer kurzen Jacke, welche die ganze Aufmerksamkeit auf ihren festen Po und ihre eindrucksvollen langen schlanken Beine lenkte. Das weißseidene Hemd trug sie nonchalant offen, das Haar kurzgeschnitten, die Augen hatte sie in völliger Konzentration auf ihre Bewegungen ununterbrochen auf den Mund ihrer Partnerin gerichtet. Die trug ein enges schwarzes Kleid mit einem tiefen Rückenausschnitt, das gerade bis zu den Knöcheln reichte. Sie tanzte barfüßig und trug um den linken Knöchel ein silbernes Kettchen. Ich konnte den Blick nicht von ihrem Rücken abwenden und suchte immer wieder die Stelle, wo bei bestimmten Bewegungen der Ansatz ihrer Gesäßspalte sichtbar wurde. Diese Stelle fesselte meine ganze Aufmerksamkeit. Wenn das Licht seitwärts darauffiel, war ein bronzefarbener Glanz zu bewundern, eine pulsierende Glut, eine Woge, die mich geradezu zwang, die Bewegung mit meinem eigenen Körper nachzuvollziehen, als wäre ich durch einen unsichtbaren Mechanismus mit dieser Stelle verbunden. Zum ersten Mal in dieser Woche verspürte ich ein sexuelles Verlangen. In Gedanken erlebte ich die Liebe mit dieser Frau, mit diesem Rücken und diesem Po, ich drückte meinen Mund auf diese glühende Stelle, schmiegte meinen Körper an diesen Rücken und spürte, wie mein

Körper vor Lust erbebte. Neugierig blickte ich auf meine Begleitung. Auch sie beobachtete das tanzende Paar, doch in ihrem Gesicht war keine Begierde oder auch nur Interesse zu erkennen. Sie beobachtete, und das war alles. Hatte ich aus ihrem Gesicht je etwas anderes als kühles Beobachten lesen können? Vielleicht sah sie alles in ihrer Umgebung durch ein Mikroskop, durch das sie elektronisch zehntausendfach vergrößerte Zellen studierte. Plötzlich blickte sie mich an. "You want her, don't you?" sagte sie. Verdammt, hatte ich mich so bloßgestellt, daß sie es sehen konnte? "I do", sagte ich kurz und suchte mit den Augen die heilige Stelle wieder auf. Aber die Frauen hörten auf zu tanzen und zogen sich in eine dunkle Nische zurück. Nur das weiße Seidenhemd war vage sichtbar.

»An was denkst du?« hörte ich sie plötzlich sagen. Ich blickte sie an. Wir hatten die ganze Zeit über geschwiegen, schluckweise hatte ich meinen Kräuterschnaps getrunken und mit einem Stapel Bierdeckel gespielt, der auf dem Tisch lag. Inzwischen waren noch einige Männer hereingekommen, die sich zu der Gruppe an der Theke gesellten. Es waren nur Einheimische, die sich über das Sportereignis im Fernsehen unterhielten, das offensichtlich vorüber war. Das Zimmermädchen spielte mit ihrer Freundin voller Hingabe »Käsekästchen«, wobei sie regelmäßig fröhlich lachten. Ich zuckte die Achseln. »Weißt du«, sagte ich, indem ich einen Bierfilz auf dem Zeigefinger balancierte, »ich frage mich, was wir miteinander anfangen sollen.« Der Wirt kam unaufgefordert an unseren Tisch und fragte, ob wir noch einen Wunsch hätten. Ich bestellte ein Glas trockenen Weißwein und noch einen Apfelsaft. Meine Begleitung schwieg. Sie saß mir gegenüber und blickte mich ausdruckslos an. Natürlich war die Frage hier fehl am Platze. Außerdem war es keine Frage, was ich ihr gesagt hatte, war eindeutig. Zweifellos konnte sie meine Mitteilung mühelos ihrer rhetorischen Verpakkung entledigen. »Du brauchst keine Angst zu haben«, sagte sie nach einer Weile fast tonlos, »ich verlange von dir nicht mehr, als was du mir bieten möchtest.«

Ich wußte nicht, was sie meinte. Hatte ich ihr etwas zu bieten? Wollte ich ihr etwas bieten? Bezog sie sich auf unseren körperlichen Kontakt oder vielleicht darauf, was sie mir am Telefon vor einigen Tagen mitgeteilt hatte, als sie mich von Frankfurt aus anrief, wo sie bei ihrem Bruder logierte? Sie brauche mich, lautete die Nachricht, ich verkörpere für sie den Kontakt mit ihrer Vergangenheit, mit Europa, mit allem, was sie vor Jahren zurückgelassen habe; sie sei sich noch nicht so lange bewußt, daß es für sie eine Lebensnotwendigkeit bedeute, damit verbunden zu bleiben. Weder ihr Bruder in Frankfurt, ihre Mutter in Budapest, noch andere Kontakte in Ost- und Westeuropa könnten ihr, wie sie sagte, das Gefühl geben, das ich ihr gebe: Europa als Heimat zu fühlen. Ihr Leben habe jetzt erst einen Zusammenhang bekommen, sagte sie. Durch die Begegnung mit mir sei der Kontakt mit ihren Wurzeln – sie hatte sich für das klischeehafte Wort entschuldigt – wieder hergestellt worden, sie könne wieder leben mit dem Bewußtsein, daß ihr Leben doch sinnvoll sei.

Mehr mit Spott als mit Selbstironie dankte ich ihr für meine Ernennung zur Miss Europa. Ich war nicht ernsthaft auf ihr Bekenntnis eingegangen. Einerseits kam mir die ganze Roots-Problematik verdächtig vor – ich hatte in New York zu viele Leute getroffen, die sich kaum noch für etwas anderes zu interessieren schienen als für die beinahe mythisch ausgelegte Bedeutung ihrer Herkunft, wobei mich die zugrunde liegende Idee des Blutes als ausschlaggebender Faktor im Leben, im Hinblick auf den historischen und aktuellen Faschismus, abstieß. Andererseits wünschte ich taub zu sein für den an mich gerichteten Appell. Ich hatte kein wesentliches Interesse an dieser Frau, sie reizte mich nicht, andere Gefühle als den zwar sporadisch, aber dann in aller Heftigkeit verspürten Drang, sexuell mit ihr zusammenzusein, hatte ich nicht für sie. Mein Körper sehnte sich nach ihr, mein Herz blieb kalt. Aus dem Brief, den sie mir zu Weihnachten geschrieben hatte, schloß ich, daß eine ähnliche körperliche Sehnsucht auch sie erfüllt haben mußte. Die unverhüllte Beschreibung unserer New Yorker Liebesnacht und die wollüstigen pornographischen Situationen, in denen sie mich geschildert hatte – sie wußte, daß sie meine heimlichen Phantasien ausdrückten –, konnten nichts anderes bedeuten.

Erst im Februar hatte ich Zeit gefunden, ihren Brief zu beantworten. Ja, hatte ich geschrieben, ich würde sie gern wiedersehen, es wäre mir jedoch unmöglich, nach New York zu kommen. Wenn sie für den Sommer eine Europareise plane, könnten wir uns irgendwo treffen, fünf Tage würde ich mich bestimmt freimachen können. Ich hatte die Perioden genannt, die mir im Zusammenhang mit meiner Arbeit und meinen Urlaubsplänen nicht paßten, und noch Allgemeinheiten über das wechselhafte Winterwetter hinzugefügt, über die vielen Verpflichtungen, die mich nicht zur Ruhe kommen ließen, und über das Buch einer bekannten amerikanischen Feministin über Sexualität, das ich mit einigen Fragezeichen versehen hätte. Auf den Inhalt ihres Briefes war ich nicht eingegangen, meine Reaktion auf ihr PS erschien mir deutlich genug.

Nachdem ich den Brief abgeschickt hatte, bedauerte ich meine Zusage sofort. Ich hatte ihn schnell geschrieben, während einer der Sitzungen, die mein Beruf mit sich bringt und bei denen die Diskussionen öfter so chaotisch verlaufen, daß man es sich erlauben kann, nur mit einem Ohr zuzuhören, ohne etwas Wesentliches zu versäumen. Zwischen meiner Freundin und mir lief es in jener Zeit überhaupt nicht. Wir hatten uns nichts zu sagen, und anstatt zu schweigen, diskutierten wir mehr denn je über die unsinnigsten Themen, meistens über Tagesprobleme, die uns die Zeitungen zulieferten und auf die wir uns mit einer Heftigkeit stürzten, als hinge unser Leben davon ab, die andere von der eigenen Meinung einer Sache zu überzeugen. Daß wir dabei über unsere Unwissenheit auf den meisten Gebieten schamlos hinwegbluffften, machte die Diskussionen zu höllischen Marathons, die ihren Abschluß häufig in persönlichen Angriffen fanden und peinlich genau die empfindlichsten Stellen zu treffen wußten. Merkwürdigerweise hatte dies alles wenig Einfluß auf unser sexuelles Leben. Die stundenlangen Diskussionen endeten oft in einem Gefühl totaler psychischer Erschöpfung, einer Art Waffenstillstand, der den Anschein von Frieden erweckte. In dieser Stimmung konnten wir uns ausgezeichnet lieben, unsere Orgasmen waren heftig und vielfältig, aber ich wußte, daß etwas zerbrochen war, wahrscheinlich endgültig, und ich litt darunter, das in mir vorhandene Gefühl der Liebe zu meiner Freundin unterdrücken zu müssen, weil ich, würde ich es mir eingestehen, von einer Traurigkeit überwältigt werden würde, die ich nicht hätte ertragen können. Meine körperliche Lust erhielt so den Geschmack des Leidens, und das Ganze bewirkte, daß ich mich oft müde und lustlos fühlte.

War ich auf die Einladung meiner New Yorker Bekannten eingegangen, um mich zeitweilig von meinem Leiden zu befreien? Ihr gegenüber war von Liebe nicht die Rede, nicht einmal von persönlicher Sympathie oder Interesse, sie war sozusagen die greifbare Verkörperung des imaginären Anonymus, die Unbekannte, die durch die Vorstellungen so vieler Männer und Frauen geistert, mit der man »the zipless fuck«, das wirklich freie Spiel der Liebe erleben konnte, das den Anschein des Nichtvorhandenseins einer schweren Last gesellschaftlicher und persönlicher Werte erwekken konnte, der Projektionen, Introjektionen und der aus unbewußten Tiefen aufsteigenden regressiven Bedürfnisse.

In New York war sie mir unverhofft in dieser Eigenschaft erschienen. Nachdem sie mich bei meiner Begierde nach der tanzenden schwarzen Frau ertappt hatte, setzten wir unsere Beobachtungen in der stets voller werdenden Bar schweigend fort. Ich war noch immer erregt und ging nun dazu über, gezielt nach einer Frau Ausschau zu halten, die mir gefiel und mit der ich etwas anfangen könnte. Die schwarze Frau in der Nische schlug ich mir aus dem Kopf, die war eine Nummer zu groß für mich, ich kannte meine Grenzen. "Let's dance", schlug ich meiner Begleitung vor. Sie nickte und ging vor mir her zur Tanzfläche. Wir tanzten, ohne einander zu berühren, und suchten ein gemeinsames Bewegungsmuster, doch es gelang mir nicht, Kontakt zu ihr herzustellen. Wir lachten uns ein paarmal freundlich zu und saßen schon bald wieder hinter unseren Whiskygläsern.

Während ich in die Runde schaute, fiel mir in einer Gruppe von Frauen, die sich an einer der Bars unterhielten, eine schlanke Frau mit langen dunkelblonden Locken auf. Kannte ich sie? Ich stupste meine Begleitung an und drehte den Kopf in Richtung der Bar. Sie sah auch hin und sagte: "That's Phyllis, go and try her." Diese Bemerkung saß. Bei einer der Einladungen im Laufe der Woche war Phyllis dabeigewesen, und wir hatten ein wenig miteinander geflirtet. In ausgelassener

Fröhlichkeit, die sicher vom Alkoholkonsum beeinflußt war, hatten wir uns später im Taxi leidenschaftlich geküßt, aber dabei war es auch geblieben. Phyllis mußte am Tag darauf früh aufstehen, und aus irgendwelchen Gründen hatte sie mich auch nicht wirklich erregt. Meine Begleitung hatte sich alles angesehen, aber kein Wort darüber gesagt. Das »try her« war ein zwar später, jedoch überraschender Kommentar. Ich ging zur Bar, tippte Phyllis an die Schulter und deutete auf unseren Tisch neben der Tanzfläche. Begeistert nahm sie ihr Glas mit und begleitete mich. Nach einem fröhlichen »Hi« zu meiner Begleitung setzte sie sich neben mich aufs Sofa. “What are you two girls doing here”, rief sie neckisch. “Chasing women”, antwortete ich mit einem Augenzwinkern zu meiner Begleitung und lockte damit eine herzliche Umarmung von Phyllis heraus. “Why not try me”, rief sie herausfordernd und streichelte meine Wange.

Schweigend stand ich auf und ging, ohne mich umzusehen, zur Mitte der Tanzfläche. Sie war mir gefolgt und stand mit wiegenden Hüften vor mir. Wie perfekte Liebhaberinnen schmiegten wir unsere Körper aneinander und tanzten. Sie war so groß wie ich. Ich spürte, wie ihr Venushügel sich an meinem bewegte, aber ich nahm mehr Abstand, es ging mir jetzt zu schnell, und ich wollte mehr.

Wir küßten uns. Der Duft ihrer wallenden Locken umfächelte mich wie ein lauer Wind, ihre vorsichtig tastende Zunge versprach Wonnen, ich spürte die sanfte Bewegung ihres Bauches. “You have to get up early again?” flüsterte ich ihr ins Ohr. Sie lachte laut, machte sich von mir los, tanzte herausfordernd ein paar Schritte rückwärts, drehte sich um ihre Achse, kam wieder zurück, küßte mich auf die Nasenspitze und sagte: “Don’t hurry.” Ich kannte das Spiel; diese Frau war nicht so leicht zu haben, und wenn, dann nicht viel weiter als bis ins Vorzimmer der Lüste. “So that’s your style”, sagte ich mürrisch, aber sie lachte und zog mich mit an unseren Tisch.

Sie widmete ihre Aufmerksamkeit jetzt meiner Begleitung, doch kurz darauf wurde sie von einer Dragoner-Frau zum Tanz aufgefordert; sie ging darauf ein und winkte mir zuweilen von der Tanzfläche zu. Meine Begleitung konzentrierte sich auf den Inhalt ihres immer noch nicht geleerten Glases. Lange Zeit sagten wir nichts, ich versuchte, mich wieder zu sammeln. Obwohl ich Phyllis in diesem Moment so begehrte, wie ich noch nie eine Frau begehrt hatte, war mir klar, daß es vergebliche Mühe sein würde, sie für diese Nacht zu erobern. Ich sehnte mich plötzlich nach meinem Hotelzimmer, wo ich mich selbst aufs fürstlichste befriedigen würde.

Ich wollte gehen. Meine Begleitung war schon aufgestanden und lief vor mir her zum Ausgang. Schweigend ließen wir uns in die Mäntel helfen, schweigend verließen wir das Lokal. Es war kalt. Ich beneidete sie um ihren Pelzmantel, ich hatte nicht mit dem frühen Wintereinfall gerechnet und ging fröstelnd neben ihr her. An der Canal Street winkte sie einem Taxi. Sie bedeutete mir, einzusteigen, nannte dem Fahrer die Adresse Bleecker Street, Silver Towers, setzte sich neben mich und starrte vor sich hin. Was hatte sie vor? Ich beschloß, nichts zu sagen und abzuwarten. Weil, wie der Fahrer sagte, der direkte Weg über West Broadway wegen eines Polizeieinsatzes gesperrt sei, mußten wir einen Umweg machen. Es fuhren fast nur noch Taxen herum, die Kälte hatte die Trottoirs leergefegt, sogar die »bags-ladies«, die ich während all dieser Tage mit gewissem Abscheu in ihren Nischen und Hauseingängen liegen sah, hatten sich wärmere Unterkünfte gesucht. Am Houston, an der Rückseite der Silver Towers bat meine Begleitung den Fahrer anzuhalten. Sie bezahlte, wir stiegen aus, sie ging mir auf dem schmalen Bürgersteig zu dem Eingang voraus, der zum mittleren Hochhaus führte. Ich folgte ihr. Was für ein Mensch war diese Molekularbiologin? Was wollte sie von mir? Woher wußte sie so genau, daß ich keine Erklärung für die Entscheidungen verlangte, die sie so unaufgefordert für mich traf? Wurde ich von der Neugierde mitgezogen oder war etwas anderes im Spiel, wodurch ich mich so willenlos führen ließ?

Der Nachtportier nickte uns freundlich zu. Die Fahrstuhltür stand offen, wir sausten zum 15. Stock hinauf. Im Lift blickte sie schweigend zu Boden; nachdem wir ihre Etage erreicht hatten, ging sie vor mir her durch den leeren Gang, öffnete die drei Schlösser, mit denen ihr Appartement verschlossen war, knipste den Lichtschalter an, warf ihren Mantel auf einen Stuhl, der in der Diele stand, ging zu der Tür, die ins Schlafzimmer führte, riß sie auf, wies aufs Bett und sagte: "Undress, please." Ich erstarrte. Das war's also, ein Überfall. "This is ...", begann ich, doch sie unterbrach mich. "Don't shout", sagte sie, "you'll have what you want." Sie ging durchs Schlafzimmer zum angrenzenden Bad, schloß die Tür hinter sich, und ich hörte, daß sie die Dusche laufen ließ. Ich stand in dem großen, spärlich möblierten Zimmer und starrte fassungslos auf die Tür, hinter der sie verschwunden war. Mir wurde auf einmal heiß, und ich fühlte mich verschwitzt. In einem Versuch, noch etwas von meiner Eigenständigkeit zu retten, ging ich zur Badezimmertür, klopfte an und rief, daß ich auch duschen wolle. "No", rief sie, "I want all of you." Das war der Gipfel.

Wütend zog ich mich aus, warf alles unordentlich auf einen Stuhl, durchquerte einmal mit großen Schritten den Raum und stellte mich ans Fenster. Gut, dieses Spiel würde ich mitspielen, ich wollte mich nicht blamieren; gerade indem ich keinen Widerstand leistete, konnte ich sie vielleicht in Verlegenheit bringen. In der Ferne konnte ich die beleuchteten Twin Towers des Welthandelszentrums sehen. Dort oben war ich gewesen. Ich liebte Manhattan, sie behauptete, es zu hassen. Was hatte mich hierher verschlagen? Ich drehte mich um. Über ihrem Bett hing ein an der Decke befestigtes Modell des DNA-Moleküls, ein buntes Mobile, das sich langsam drehte. Ich schätzte, daß das Ding, fiele es herunter, genau auf dem Nabel derjenigen landete, die in diesem Bett lag. Diese Vorstellung verschaffte mir ein boshaftes Vergnügen. Ich dachte an Phyllis – was hätte ich nicht alles mit ihr tun wollen! Ich stellte mir ihre dichten Locken auf meinen Schenkeln vor, ich sah sie auf dem Bauch liegen, während ich mich, mein Gesicht in ihren Locken vergraben, an sie kuschelte. Ich konnte mir auf einmal noch viele Frauen vorstellen, mit denen ich es hätte tun wollen, nur mit der Frau, die sich dort unter der Dusche so gründlich reinigte, konnte ich mir überhaupt nichts vorstellen. Aber aus meiner Anwesenheit in diesem Zimmer folgerte ich, daß ich mich zum ersten Mal in meinem Leben total dem Willen einer anderen ausgeliefert hatte, es gab kein Zurück.

Den Rücken ans kalte Fenster gelehnt, die Arme übereinandergeschlagen, blickte ich auf das Bett. Ich war zum Zuschauer meiner eigenen Handlungen geworden. Ich sah mich auf dem Bett liegen, auf dem Rücken, passiv und unsicher über das, was sich ereignen würde. Ich, die meistens diejenige war, die eine aktive Rolle spielen wollte, konnte mich bei dieser Frau nur in einer abwartenden Haltung vorstellen.

Das war wie Sex mit Männern, ich fühlte mich in meine jungen Jahre zurückversetzt, als diese Standardposition die einzige war, die sich anbot. Später wußte ich, daß fast allen Männern jede andere Position lieber war, aber tief in meinem Innern hatten diese pubertären Erfahrungen Narben hinterlassen. Ich fühlte mich genauso unwohl wie damals. Im Badezimmer war es jetzt ruhig. Was tat sie? Ob sie einen Vorrat von Attributen hatte, aus denen sie jetzt einige auswählte, Kunstpenisse, einfache und mutuelle, in allerlei Größen und Materialien mit den dazugehörigen Cremes? Plötzlich erschrak ich. Sie wird doch nicht ... SM? Das war das allerletzte, was mir noch fehlte. Ich hatte das noch nie erfahren, und auch in meiner Phantasie spielte SM keine Rolle. Was, wenn sie jetzt mit einer Peitsche in der Hand aus dem Badezimmer käme? Ich ging auf das Bett zu, hob die überhängende Bettdecke an. Nirgends sah ich Haken oder Griffe, an denen Lederriemen befestigt werden konnten. Eine Freundin, die aus Neugierde an einer SM-Orgie teilgenommen hatte, erzählte mir einmal ausführlich über die Vorgänge, einschließlich der Manipulationen mit Fesseln und dem heißen Kerzenwachs auf den Schamlippen.

"What are you doing?" rief ich. Die Tür ging auf. Sie trug einen hellblauen Morgenrock, der vorne geöffnet war. "Why aren't you in bed?" sagte sie. Sie ging auf mich zu, ich machte einen Schritt zur Seite, aber sie hatte es auf die Gardine abgesehen, die sie mit heftigen Bewegungen zuzog. Dann deutete sie aufs Bett und befahl: "Lie down." Ich kroch unter die Decke, mich fror, ich rollte mich ein wie ein Igel in seinem Winterquartier. Sie ging durchs Zimmer, ich hörte, wie sie einen Stuhl beiseite rückte, sie machte die Deckenbeleuchtung aus und eine kleine Lampe an. Dann war es still. Ich vermutete, daß sie am Fußende stand. Ich lag regungslos da. Machte sie sich zum Sprung in meine Igelhöhle bereit? Ob sie noch schnell meditierte, um in Form zu kommen? Ich merkte, wie mir das Deckbett weggezogen wurde, ich hielt die Augen geschlossen, ich lag wie ein

Fötus auf der Seite, den Rücken gekrümmt, die Beine angezogen, die Hände zwischen den Knien. Sie kniete sich aufs Bett, sie drehte mich um, gleichzeitig drückte sie meine Beine auseinander, ich hielt die Knie angezogen. "Don't talk", sagte sie völlig überflüssig, ich hätte kein Wort rausbringen können.

Langsam glitten ihre Hände über meinen Bauch zu meinen Brüsten, sie legte sich zwischen meine jetzt weit geöffneten Knie, ich spürte die feuchte Wärme ihres frisch geduschten Körpers. Ihr Gesicht war nun über meinem. Ich öffnete die Augen und blickte in ihre graugrünen Augen, zum ersten Mal ohne Brille. Was ich sah, verwirrte mich, der kühle Mikroskopblick hatte einem Blick Platz gemacht, für den ich sofort das passende Wort parat hatte: wissend. Augen sahen mich an, die alles gesehen hatten, was Menschen visuell offenbart werden kann, Augen, aus denen die Seh-Neugierde verschwunden war, Augen, in denen nur Raum war für ein alles umfassendes Wissen. Mir war klar: ich brauchte ihr nichts zu sagen, und ich würde auch nicht das Sagen haben. Starr sahen diese Augen mich an, nichts bewegte sich darin. Ich bekam das Gefühl, hypnotisiert zu werden, und wandte den Kopf ab. Sie schlang die Arme um mich, den einen um meine Taille, den anderen über meine rechte Schulter hinweg um meinen Rücken.

Mit ihrer Schulter zwang sie mich, mein Gesicht wieder ihr zuzuwenden, dann küßte sie mich, beinahe grausam. Keine Spur von dem leichten Zungen- und Lippenspiel, das ich kurz zuvor noch mit Phyllis genossen hatte, dieses Küssen war ein vollkommenes Besitzergreifen, nicht nur meiner Lippen, meiner Zunge, meiner Mundhöhle, sondern meines ganzen Körpers. Meine Öffnungen gehörten ihr, sie würde sie alle erkunden, und sie würde sie erst verlassen, wenn es ihr beliebte; sie würde mich bis zum Rand füllen und bis an die Grenze des Erträglichen.

Was ich empfand, war Angst. Was ich hier erlebte, war etwas, das ich nicht kannte, hier war eine Urkraft tätig, eine aus dem Holozän war zu mir gekommen, eine mit den Augen des Holozäns. Keiner Kultur, keinem Jahrhundert menschlicher Vernunft und Kontemplation war es gelungen, diese Urkraft abzuschwächen. Ich stöhnte. Es war unerträglich. Ich konnte mich von ihrem Mund lösen, aber ihre Arme umklammerten mich desto stärker. Mit meinen Händen tastete ich ihre Schultern und Oberarme ab. Sie sahen so schmächtig aus und waren doch so muskulös und kräftig entwikkelt. Eine Tennisspielerin? Sie hatte nie etwas darüber verlauten lassen. Aber was wußte ich schon von ihr? Vielleicht machte sie Bodybuilding. Ich hatte sie bisher nie nackt gesehen, lernte ihren Körper erst jetzt abtastend kennen. Der Größenunterschied, der mir, wenn ich neben ihr ging oder saß, immer ein Gefühl leichter körperlicher Überlegenheit gegeben hatte, spielte im Bett keine Rolle mehr. Ich fühlte mich ihr unterlegen, fühlte mich kleiner als sie.

Ihre stillen Augen waren ununterbrochen auf mich gerichtet. Anschauen konnte ich sie nicht. Meine Angst verwandelte sich jetzt in Scham. Merkte sie, wie ich zögerte, wie ich versuchte, ihr zu entkommen? Hatte sie ein höllisches Vergnügen an meinen Versuchen, weil sie wußte, daß ich nicht mehr entrinnen konnte, weder ihrer Person noch – und das vor allem – dem, was gleich in mir ausbrechen würde? Sie war mir kräftemäßig so überlegen, daß ich mich vor den Wünschen schämte, die ich in diesem Moment verspürte: dem Wunsch, nicht in diesem Bett liegen zu müssen, sondern mir in meinem Hotelzimmer, in meinem Bett, irgendeine alberne Fernsehsendung anschauen zu können, dem Wunsch, bei der Frau zu sein, mit der ich zur Zeit zusammenlebte, beim Einschlafen ihren Kopf an meiner Schulter zu fühlen; dem Wunsch, in einem ruhigen See ans andere Ufer zu schwimmen; dem Wunsch, Musik zu hören, ein Violinkonzert von Mozart oder Scarlattis »Stabat mater«, das ich noch nicht lange kannte und in dem sich in bestimmten Sätzen der

Sopran und Mezzosopran berührten wie zwei in Liebe verschlungene Hände. Es waren sehr bescheidene Wünsche. Ich wußte, daß sie sie schweigend unerfüllt lassen würde. Worauf sie aus war, war die Befriedigung eines Wunsches, dessen Existenz ich in meinem tiefsten Innern allmählich vage vermutete.

Ich spürte, wie ihre Umarmung langsam schwächer wurde. Sie richtete sich halb auf, stützte dabei ihre Hände auf meine Schultern, glitt zwischen meinen noch immer angezogenen Beinen nach unten, berührte mit den Fingerspitzen flüchtig meine Brüste. Zwischen meinen Füßen kniend, hob sie den hellblauen Bademantel vom Boden auf und legte ihn behutsam über mich. Durch einen sanften Druck bedeutete sie mir, die Beine zu strecken. Ich sah durch meine Wimpern, wie sie aus dem Zimmer ging, aber sie kam gleich wieder zurück, sie hielt etwas in den Händen, eine gelbe Flasche mit einem großen goldfarbenen Verschluß. Sie hatte einen schönen Körper, sah ich jetzt, die Schultern und Arme waren tatsächlich durch Sport oder Übungen gut entwickelt, ihre kleinen Brüste mit den hellfarbenen Warzen schienen dadurch desto runder und weicher. Die Haut ihres ganzen Körpers glänzte, als hätte sie kurz vorher noch ein Sonnenbad genommen. Es sah so aus, als hätte sie fast keine Schamhaare, oder sie waren so hell, daß sie sich von der Umgebung nicht unterschieden. Nur ein großes Muttermal auf dem rechten Oberschenkel schien die Vollkommenheit ihres Körpers zu durchbrechen.

Sie hatte sich neben mich gelegt. Ich hörte, wie sie den Verschluß der Flasche aufdrehte. Sanft zog sie den Bademantel von mir weg und begann, mich mit einer öligen Flüssigkeit einzureiben, die sie in kleinen Mengen aus der Flasche in ihre linke Handfläche goß. Behutsam behandelte sie meinen Bauch, meine Brüste und meine Schultern. Dann drehte sie mich auf die Seite und rieb meinen Rücken und Po ein. Ich fühlte, wie ein Schauder meinen Körper durchzuckte, und kurz darauf begann meine Haut zu glühen, als wäre ich nach einem Saunabad mit Birkenzweigen bearbeitet worden. Sie ölte sich auch selbst ein, sie bat mich nicht, ihr bei ihrem Rücken zu helfen; danach hörte ich, wie sie den Verschluß wieder zudrehte und die Flasche auf das Tischchen neben dem Bett stellte.

Mein innerer Widerstand, die Angst und die darauffolgende Scham hatten langsam einer Befangenheit und erwartungsvollen Spannung Platz gemacht, die sich in einem leichten Zittern der Oberschenkel äußerte. Die prickelnde Wärme meiner Haut befreite mich allmählich von der überbewußten Wachsamkeit, mit der ich mich selbst und das, was mit mir geschah, wahrgenommen hatte. So war es, wenn man nach einem verbissenen Kampf mit heranbrechenden Wellen ermattet am Strand lag und die Sonne und der warme Sand es schafften, daß man gedankenlos mit den Elementen, die einen umgaben, verschmolz. Die heulenden Sirenen der Streifen- und Krankenwagen, die Tag und Nacht die Geräuschkulisse von New York bestimmten, waren von weit her auszumachen, aus einem Appartement neben oder über uns drang Musik zu uns. Ich hörte hinter mir ihren ruhigen Atem, sie lag neben mir und streichelte meinen Bauch und meine Brüste. Ich hatte mich ergeben, ich war bereit, ich wartete. Auf der rechten Seite liegend, das linke Knie leicht angezogen, tastete ich mit der linken Hand nach der Frau hinter mir, doch sie legte meine Hand wieder auf das Laken, erneut mit dieser Selbstverständlichkeit, die alle ihre bisherigen Handlungen gekennzeichnet hatte. Als sie mir mit ihrer Hand das Haar aus dem Nacken strich und mich auf diese Stelle küßte, ging ein Schock durch meinen Körper, die ruhige Schwere verschwand, mein Körper schlug Alarm, ich fühlte im Bauch spasmodische Bewegungen, meine Vagina wurde feucht, das leichte Zittern meiner Oberschenkel setzte sich jetzt im ganzen Körper fort. Ich wollte mich zu ihr umdrehen, ich suchte gegen diese ausbrechende

Gewalt Schutz, ich wollte mich an sie kuscheln. Aber sie ließ es nicht zu. Mit ihren starken Händen hielt sie mich zurück, sie richtete sich auf und beugte sich über mich. "Wait. Just wait", flüsterte sie. Dann spürte ich, wie sie mit ihrer Hand, vom Knie meines angezogenen Beines ausgehend, langsam die Innenseite meiner Schenkel streichelte. Ich stöhnte, ich wünschte, daß sie diese Bewegung fortsetzen, in einer fließenden Gebärde in mich eindringen würde, ich hätte sofort einen Orgasmus bekommen. Aber sie berührte nur leicht meine Schamlippen, glitt weiter zu meinem Gesäß und streichelte es. "Wait", sagte sie.

Ich beruhigte mich einigermaßen; einen Augenblick geriet ich in Panik, daß ich auf diese Art und Weise ohne Orgasmus am Höhepunkt vorbeigegangen war und daß das heftige Verlangen abebben könne. Ich legte mich auf den Rücken, sie lag über mich gebeugt, und während ihre Hand sanft meine Klitoris und meine Schamlippen streichelte, küßte sie meinen Körper. Sie tat das so, daß ich schnell wieder an den Punkt gelangte, wo ich nur noch aus bebendem Verlangen bestand. Meine Schultern, in die sie zärtlich biß, meine Achseln, in denen ich ihre Zunge spürte, meine Brüste und Brustwarzen, die sich durch die Berührung ihrer Lippen steif zu ihr aufrichteten, waren die Sensoren einer meinen ganzen Leib durchzuckenden Spannung, die wie eine selbständige Kraft auf eine Entladung hinzuarbeiten begann.

Dann hörte sie auf. Plötzlich wandte sie sich von mir ab und setzte sich, mir den Rücken zugekehrt, auf den Rand des Bettes. Ich war wie versteinert. Der halberleuchtete Raum, in dem ich mich befand, hatte auf einmal die Dimensionen eines Stadions angenommen. Ich fühlte mich, als würde um mich herum eine Menschenmenge den Atem anhalten, um bei einer folgenden, noch unvorhersehbaren Bewegung von mir in ohrenbetäubendes Johlen und Lärmen auszubrechen. Was geschah hier, was für ein teuflisches Spiel spielte die Frau, die jetzt regungslos dasaß und ihre Hände anstarrte? "What the hell is this?" fragte ich mit plötzlich heiserer Stimme. Ich saß aufrecht im Bett und blickte auf die schweigende Frau. Der Schatten des DNA-Mobiles über ihrem Bett bewegte sich langsam über ihrem Rücken hin und her.

Vor unserem Tisch stand auf einmal ein Mann in weißer Hose und blauem Pullover, der auf unsere leeren Gläser deutete und etwas Undeutliches sagte, von dem nur die Wörter »Damen« und »trinken« zu verstehen waren. Der Wirt, der offensichtlich etwas von seinem Fach verstand, kam hinter der Theke hervor an unseren Tisch und verdeutlichte höflich, indem er seine Hand fast beschützend auf die Schultern seines Gastes legte, daß der Herr uns etwas anbieten wollte. "There you are", hörte ich meine Begleitung murmeln. Mir war klar, daß sie die Komplikationen voraussah, welche die Akzeptierung eines derartigen Angebots mit sich bringen konnte, aber ich tat so, als hätte ich ihre Worte nicht gehört und nickte dem blauen Pullover freundlich zu. Der Wirt nahm unsere zwei Gläser, führte den Mann an die Theke zurück, wo die Aufmerksamkeit der trinkenden und redenden Männer kurz ganz auf uns gerichtet gewesen war, und stellte etwas später die gefüllten Gläser vor uns hin. Als ich mein Glas nahm, riefen die Männer ein lautes »Also, prost« in unsere Richtung, ich prostete ebenfalls und trank. Meine Begleitung starrte auf die Tischplatte und reagierte nicht. Ich spielte die reine Unschuld und fragte sie, ob sie lieber etwas anderes als Apfelsaft getrunken hätte, aber sie schüttelte nur den Kopf und setzte ihr eisiges Schweigen fort. Ich konnte es nicht lassen, noch etwas mehr Salz in die Wunde zu streuen, und sagte, daß so etwas doch ganz normal sei und nicht gleich Aufdringlichkeit bedeuten müsse, daß es sogar sehr freundlich gemeint wäre. Vom Zimmermädchen, das mit ihrer Freundin nun ein anderes Spiel angefangen hatte, bei dem Streichhölzer in allerlei Figuren auf den Tisch gelegt wurden, fing ich einen neugierigen Blick auf. Meine Begleitung schwieg. Mir tat meine Hänselei leid, und ich fragte sie, ob sie vielleicht ins Hotel zurückgehen wolle, doch sie schüttelte den Kopf und sagte nur kurz angebunden: »Trink nur.« Die Männer ließen uns tatsächlich in Ruhe. Ich hatte mit solchen Situationen nie Schwierigkeiten gehabt, es war wahrscheinlich eine freundliche, aber deutliche Distanz, die ich ausstrahlte, und außerdem hatte ich es mir abgewöhnt, mich durch solche Angebote auch nur im geringsten verpflichtet zu fühlen.

Das Zimmermädchen, das auf dem Weg von der Toilette an unserem Tisch vorbeikam, blieb stehen und fragte freundlich, ob es uns trotz des schlechten Wetters im Dorf gefalle. Meine Begleitung wurde dadurch zum Glück aus ihrem hartnäckigen Schweigen geholt und erklärte, daß wir noch nicht viel gesehen, aber einen Spaziergang über den Staudamm gemacht hätten, der ihr sehr gut gefallen habe. Sie fragte, was es sonst noch in der näheren Umgebung zu sehen gäbe, worauf ihr das Mädchen umständlich erklärte, welche Wanderungen man noch machen könnte und daß auch ein Ausflug mit dem Schiff sicher der Mühe wert sei. Sie hatte eine schöne, melodische Stimme. Ich hörte ihren Erklärungen nur oberflächlich zu und studierte dabei ihr Gesicht. Manchmal sah sie mich flüchtig an, und ich wurde vom Blick ihrer Augen getroffen, die dunkler waren, als ich es je bei irgend jemand anderem gesehen habe. Die Pupillen waren von der Iris fast nicht zu unterscheiden, sie hatten einen matten Glanz und einen wachsamen, beinahe neugierigen Ausdruck. Die fast schwarzen, dichten Augenbrauen waren, anscheinend ohne epiliert zu sein, schön geschwungen und machten in den kurzen Momenten, da sie mich ansah, den Eindruck vollkommener Symmetrie. Das dunkelblonde, glatte Haar fiel ihr in die Stirn, sie trug es kurz, ich sah ein schön geformtes Ohr, an dem ein schmaler Ohrring aus grünen Glasperlen hing. Das Profil fiel durch den schönen Winkel auf, den Stirn und Nase bildeten. Warum ging bei manchen Menschen so viel von dieser Stelle zwischen den Augen aus? Vielleicht ist sie der Fixpunkt, von dem aus alle Merkmale eines Gesichts auf einen Blick übersehen werden können, und der Brennpunkt der harmonischen Struktur, der jede Schönheit entspricht. Obwohl, schön im klassischen Sinn war dieses Mädchen eigentlich nicht; was mich an ihr reizte, war vielmehr ihre Ausstrahlung, die Intelligenz, Klarheit des Denkens und Wissensdurst vermuten ließ. War sie wirklich nur ein Zimmermädchen? Eher eine Studentin, die sich im Sommer etwas dazuverdiente, ihr Äußeres, ihre Stimme, die ruhige Selbstverständlichkeit, mit der sie auftrat, verrieten Klasse. Als sie einen Blick auf ihre Freundin warf, die sich angestrengt mit den Streichhölzern beschäftigte, sah ich auf ihrer bis dahin von mir abgewandten linken Wange ein Muttermal, genau an der Stelle des Wangenknochens, wo manche Frauen einen Schönheitsfleck anzubringen pflegen. Es stand ihr ausgezeichnet. Leider wandte sie ihr Gesicht wieder ab, entschuldigte sich, wünschte uns noch einen angenehmen Abend und ging an ihren Tisch zurück. Sie war nicht groß, aber schlank und bewegte sich grazil. »Ach, die süße Kleine«, sagte ich mit einem ironischen Seufzer zu meiner Begleitung. Sie lachte und sagte, daß es vielleicht etwas für einen meiner »one night stands« wäre. Sie hatte anscheinend den Eindruck von mir, daß ich in der Welt der Frauen und Erotik ganz schön auf die Pauke haute. »Wer weiß«, sagte ich und legte meine Hand flüchtig auf ihre. Es war eher eine Geste der Entschuldigung als der Zuneigung, denn tatsächlich hatte ich mich ein paar Sekunden der Vorstellung hingegeben, diese Stelle zwischen den dunklen Augen und das rührende Muttermal auf der Wange voller Hingabe zu küssen. Ob sie wirklich meine Gedanken lesen konnte?

»Schade, daß wir dauernd gestört werden«, sagte sie, »gehen wir ins Hotel.« Obwohl ich nicht einsah, was störend gewesen sein sollte, winkte ich dem Wirt, daß ich bezahlen wolle. Beim Weggehen wurde uns in allen Tonarten »gute Nacht« und »angenehme Ruhe« zugerufen, was nun auch von meiner Begleitung freundlich beantwortet wurde. Wir legten die paar hundert Meter zum Hotel schweigend zurück. Da ich in meinem Zimmer kein Telefon hatte, ging ich zur Kabine in der Halle und rief zu Hause an. Es wurde nicht abgenommen, sicher war es noch zu früh am Abend und meine Freundin noch nicht zu Hause. Ich nahm mir vor, es am nächsten Morgen noch einmal zu versuchen. Meine Begleitung gab mir meinen Zimmerschlüssel, den sie vom Schlüsselbrett abgenommen hatte. Eine Holzkugel hing daran, auf ihr war ein Kupferplättchen befestigt, in das der Name des Hotels und die Zimmernummer eingraviert waren. Außer einem Ehepaar mit zwei hochaufgeschossenen Söhnen, die an einem Tisch in der Halle saßen und Karten spielten, war niemand zu sehen. Wir gingen nebeneinander die Treppe hinauf. Im Zwischenstock mit dem Gummibaum war mir plötzlich bewußt, daß es nun soweit war. Ich hatte den Gedanken an die Nacht von mir abgeschüttelt und vergegenwärtigte mir auf einmal mit einem Schock, daß alles an diesem Abend nur eine Ablenkung gewesen war, ein Hinauszögern, ein Aufschub des eigentlichen Zwecks meiner Anwesenheit in diesem trostlosen Nest.

Bei unseren Zimmern angekommen, drehten wir uns den Rücken zu und öffneten nicht gerade geräuschlos die Türen. Ich knipste das Licht in meinem Zimmer an und drehte mich auf der Schwelle um. Sie hatte das gleiche getan, wir standen einander gegenüber, links und rechts von uns lag der ruhige Gang, ein fahlroter Läufer zeigte hier und dort abgewetzte Stellen, und fast direkt vor unseren Zimmertüren war im Läufer ein Buk-kel entstanden, den ich mit dem Fuß zu glätten versuchte. Sie lachte leise und sagte, daß ich offen-sichtlich ordentlicher wäre, als sie gedacht habe. Dann streckte sie mir über den Flur ihre Hand entgegen, ich reichte ihr meine, es schien, als verabschiedeten wir uns sehr formell für die Nacht, und im selben Moment wußte ich, daß ich das nicht wollte. Nur diese eine Sekunde war notwendig, um mir deutlich zu machen, daß alles, was den ganzen Tag über so weit weg gewesen war und den Anschein hatte, es würde nicht existieren, sich jetzt einstellte: meine Sehnsucht nach ihr, nach dem, was jetzt ganz nahe war, nämlich das Erleben einer Ekstase, wie ich sie bisher nur ein einziges Mal in ihrem New Yorker Appartement erlebt hatte. »Ich lass' die Tür offen«, sagte ich leise. Sie nickte und ließ meine Hand los. »Ich komme«, sagte sie und drehte sich um.

Die Luft in meinem Zimmer war stickig. Ich

ging zum Heizkörper unter dem Fenster und merkte, daß er warm war. Ich drehte ihn zu, versuchte das Fenster zu öffnen und entdeckte nach einigem Gefummel, daß es gekippt werden konnte. Danach zog ich mich aus und ging ins Badezimmer, drehte die Dusche auf und nahm aus meinem Kulturbeutel die Seife, die mir meine Freundin kurz vor der Abreise gegeben hatte. »Sorg dafür, daß du gut riechst«, lautete ihr Kommentar, »ich bin sicher, daß diese Frau etwas von dir will.« Ich hatte ihr von dem, was in New York geschehen war, nichts erzählt, hatte so getan, als handele es sich um eine neue Bekannte, eine gute Freundin, mit der ein ganz spezieller vertraulicher Kontakt zustande gekommen sei, der hauptsächlich auf gemeinsamen Ansichten in bezug auf den Feminismus gründe. Außerdem, hatte ich hinzugefügt, sei diese Begegnung für mich deshalb so eindrucksvoll gewesen, weil die Molekularbiologin auf eine Art und Weise über ihre Arbeit zu sprechen verstand, die mir das Gefühl gab, etwas davon zu begreifen. In den ersten Wochen danach war ich noch zu sehr mit dem Rätsel beschäftigt gewesen, warum es mir, trotz der vielen und variierten erotischen Erfahrungen, die ich im Laufe der Jahre gesammelt hatte, nie bewußt geworden war, daß es eine Schicht in mir gab, die ich immer vernachlässigt hatte, eine Heftigkeit, die mir unbekannt geblieben war. Im Laufe der Zeit war das Gefühl der Bedrohung durch diese verborgene Kraft geringer geworden, aber ich konnte nie darüber sprechen, es blieb mein Geheimnis. Außerdem hätte meine Freundin es nicht verstanden oder nicht verstehen wollen, sie hätte auf die Idee kommen können, mir nicht zu genügen, und ich bezweifelte, ob sie mir geglaubt hätte, daß mich meine Entdeckung eher beängstigte als daß sie mich mit Stolz erfüllte. Trotzdem machte sie immer wieder Anspielungen auf meine New Yorker Bekanntschaft. Dummerweise hatte ich irgendwann einmal etwas über das Faszinierende ihrer Augen gesagt, wenn sie ihre Brille abnahm – was sie regelmäßig in der Öffentlichkeit tat, beeilte ich mich hinzuzufügen –, und meine Freundin hatte daraus sofort eine Art »running gag« in unserer Konversation gemacht. Mit meinem fünftägigen Ausflug nach Deutschland hatte sie trotz alledem keine Mühe, die Sticheleien nahmen leicht zu, aber hielten sich in Grenzen. Einmal, einige Tage vor meiner Abreise, hatte sie mich ganz ernst angesehen und gefragt, ob ich eine andere Frau lieben könne. Eine bange Erwartung lag in ihren Worten; es war einer der seltenen Momente, wo ich wußte, daß sie es ehrlich meinte und ihre Gefühle nicht in der einen oder anderen Vermummung zum Ausdruck brachte. In diesen Augenblicken wußte ich, daß ich sie liebte, und als ich ihr das als Antwort auf ihre bange Frage sagte, sah ich in ihren Augen, daß ich sie vorübergehend davon überzeugt hatte.

Ich duschte abwechselnd warm und kalt, seifte mich noch ein zweites Mal ein, um die Bronzefarbe meines Körpers zu genießen, die durch die Seife besonders hervorgehoben wurde. Sie mußte mich schön finden, schöner als im November, als meine Haut schon wieder blaß geworden und ich nicht wie jetzt von Wasser und Sonne verwöhnt war. Ein Gefühl des Übermuts ergriff mich, beim Abtrocknen benutzte ich das Handtuch, als würde ich mich selbst liebkosen, ich erlebte das Vorstadium der Erregung, wo eine Art körperliches Überbewußtsein entsteht und man sich rundum von der Haut umspannt fühlt. Ich hatte keine Angst mehr, gleich würde sie kommen, und ich brauchte nichts zu tun, als ohne jeglichen Widerstand geschehen zu lassen, was geschah.

Die Nachttischlampe neben dem Bett an der Türseite ließ ich brennen, alle anderen Lampen machte ich aus und legte mich auf das weiße Deckbett an der Fensterseite. Ich steckte eine Zigarette an und hoffte, daß der Rauch durch den Fensterspalt abziehen würde. Weil mein Zimmer zum See hinaus lag, brauchte ich die Gardinen nicht zuzuziehen, hereinschauen konnte niemand.

Mit der freien Hand glitt ich über meinen Bauch und meine Vagina, ich spürte, daß die Klitoris leicht geschwollen war und die inneren Schamlippen sich angenehm feucht anfühlten. Bei unserer ersten Nacht in New York hatte ich mich anfangs im gleichen Stadium der Erregung befunden, die sie mit ihren Liebkosungen angefacht hatte. Ihre abrupte Unterbrechung, die mich damals so erschreckte, war notwendig gewesen. "You are resisting me", hatte sie gesagt, als sie mir auf dem Bettrand sitzend endlich meine Frage beantwortete. "Resisting you?" rief ich in äußerster Überraschung aus, "but I want you to satisfy me." Sie hatte den Kopf geschüttelt und sich im Bett neben mich gesetzt. Während sie mir sanft den Rücken streichelte und zu mir sprach wie zu einer, die zur Vernunft gebracht werden mußte, erklärte sie mir ihre Meinung. Daß ich zu gierig sei, zu schnell den Höhepunkt erreichen wolle, daß ich im Grunde die ganze Lust sofort in einen Orgasmus umsetzen wolle. Indem ich so reagiere, ließe ich unbewußt merken, daß ich sie nicht akzeptierte, aber vor allem mich selbst in meinen lustvollsten Momenten nicht akzeptierte. Reste von Schuldgefühlen im Zusammenhang mit dem körperlichen Genuß und die Konditionierungen durch den gebräuchlichen Sexualverkehr seien für diese Unterdrückung der wirklichen Lust verantwortlich. Vor allem im

Heterosex führe das zu den bekannten, stets wieder neue Unersättlichkeit weckenden oberflächlichen Befriedigungen. Aber auch die lesbische Liebe sei keineswegs von dieser Oberflächlichkeit verschont. Auch lesbische Techniken seien hauptsächlich auf einen schnellen Orgasmus angelegt, Frauen hätten eigentlich nur den Heterosex imitiert, dozierte sie weiter, in dieser Hinsicht müßte sich noch vieles ändern. Es gehe darum, sich selbst ohne den kleinsten Vorbehalt der andern hinzugeben, erst dann sei man wirklich frei, erst dann könne man in einer Art von absoluter Egozentrik endlich auf sich selbst eingehen, auf die Dinge, die sich mit dem eigenen Körper abspielten. Es komme nur darauf an, eine Partnerin zu haben, die genug Kraft, »enough power«, habe, einem das Vertrauen zu geben, daß man die Kontrolle fallenlassen könne. “And believe me, baby”, sagte sie schließlich, “I am such a person.”

Sie war fast geräuschlos eingetreten, nackt, einen dünnen weißen Morgenrock über dem Arm. Die paar Schritte von ihrem zu meinem Zimmer mußte sie in dem Vertrauen zurückgelegt haben, daß sich niemand mehr auf dem Gang befand. Sie legte den Morgenrock auf das unbenutzte Bett und ging um das Fußende herum auf mich zu. Sie bat mich, ihr Platz zu machen, und setzte sich neben mich auf den Rand des Bettes. Sie nahm die Brille ab und legte sie auf den Nachttisch. Während ich den Rauch meiner Zigarette an ihr vorbeizublasen versuchte, sah ich, wie ihre Augen mich fixierten. Wieder der stille Blick, der von ganz fern kam, ich spürte den Schauder wieder, den ihre Blicke bei mir auslösten. Beim Ausdrücken der Zigarette konnte ich mich von diesen Augen kurz abwenden, aber ich wußte jetzt, daß ich dem, was sie mir mitteilten, Folge zu leisten hatte.

Ich hatte erwartet, sie würde schweigend zum Liebesspiel übergehen, aber statt dessen fing sie an zu reden. Sie sprach leise und schnell. Aufs Neue sagte sie, daß sie ursprünglich nicht beabsichtigt habe, zu mir Kontakt zu suchen, sie habe anfangs eingesehen, daß es sinnlos sei, unsere Leben auf irgendeine Weise miteinander verbinden zu wollen. Die Entfernung, die Tatsache, daß ich eine Freundin habe, unsere verschiedenen Lebensstile seien negative Voraussetzungen dafür gewesen. Und doch – und das wäre ihr zuerst unbegreiflich gewesen – hätten sich ihre Gedanken und Sehnsüchte immer wieder um mich gedreht. Und letztendlich habe sie begriffen, daß ich ihr etwas bedeute, bei unserem Telefongespräch vor einigen Tagen habe sie das bereits erwähnt.

Während sie sprach, sah sie mich nur gelegentlich an. Mit einer Hand streichelte sie sanft meinen

Bauch, und ihr Blick war meistens auf diesen Körperteil gerichtet. Ich lag bewegungslos da und gab nur durch ein leichtes Kopfnicken manchmal zu erkennen, daß ich zuhörte.

Abgesehen davon, daß ich für sie den Kontakt mit Europa wiederhergestellt hätte, habe sie auch das Gefühl, daß wir vom gleichen Kaliber seien. Obschon es in New York nicht dazu gekommen wäre, sich meinem Willen zu unterwerfen, wüßte sie sicher, in mir eine der wenigen Frauen gefunden zu haben, denen sie sich ergeben könne. Dieser Gedanke habe sie nicht mehr losgelassen, deshalb habe sie den Brief geschrieben.

Sie schwieg. Mußte ich antworten? Ich konnte nicht. Nie wäre es mir in den Sinn gekommen, daß sie diesen Wunsch hegen könnte, ich war davon ausgegangen, es gäbe eine unausgesprochene Vereinbarung zwischen uns, die nur die Form des Einbahnverkehrs zulassen würde, die sich in New York zugetragen hatte. Als ich sie dort am nächsten Morgen aus dem Gefühl heraus, ihr gegenüber zu irgend etwas verpflichtet zu sein, danach gefragt hatte, hatte sie mir versichert, daß sie nichts von mir verlange, daß die Befriedigung, die sie durch meine Hingabe erlangt habe, vollkommen gewesen sei. Aus diesem Grund hatte ich auch von unserem zweiten Treffen nichts anderes erwartet als eine exakte Kopie der ersten Begegnung. Jetzt hatte sie eine Richtung eingeschlagen, in die ich ihr nicht folgen konnte. Was sollte ich ihr sagen, ohne sie zu verletzen? Warum brachte sie das ausgerechnet jetzt zur Sprache? Nach dem langen Schweigen plötzlich so viele Worte, was blieb von der Nacht übrig, wenn wir dies alles zu Ende besprechen würden?

Ich nahm ihre Hand, die jetzt still auf meinem Bauch lag, und streichelte sie. »Morgen reden wir«, sagte ich, »jetzt will ich dich, nur dich.« Es klang falsch, ich hörte das Echo meiner Worte und haßte mich wegen ihres trivialen Gehaltes. Aber durch den Abstand, den sie mit ihren Worten geschaffen hatte, war in mir ein wilder Drang entstanden. Etwas drohte mir entrissen zu werden, etwas, das ich nicht preisgeben wollte. Ich drückte ihre Hand nach unten, klemmte sie zwischen meine Beine. »Komm«, sagte ich, »jetzt, bitte.« Sie legte sich auf mich, wieder spürte ich die Kraft ihrer Arme, wieder sah ich die verträumten Augen auf mir ruhen, wieder küßte sie mich auf ihre besitzergreifende Art. Alles ereignete sich so, wie ich es kannte, das Streicheln, der Zwang, der von ihren Händen ausging, der Wechsel von Aktion und den bis zu beinahe nicht mehr spürbaren Berührungen führenden Verzögerungen. Jetzt wußte ich, wie ich zu reagieren hatte, um es dauern und nicht alles schon nach kurzer Zeit in der schnellen Explosion des herkömmlichen Orgasmus münden zu lassen. Ich hatte gelernt, auf den Gipfeln der Lust zu verweilen, ohne abzustürzen. Die Reaktionen meines Körpers waren bisweilen so heftig, daß ich Panik verspürte und sie bat, aufzuhören. Manchmal konnte ich nur Wörter in meiner Muttersprache hervorbringen, ein hilfloses Gestammel, worauf sie entweder beschwichtigend reagierte oder aber gerade mit Worten, die mich herausforderten, mich noch mehr gehenzulassen. Unsere Worte vermischten sich in einer universalen, leidenschaftlichen Sprache, die ihre Bedeutung verlor und in der die Klänge zu Signalen einer nur noch aus Lust und Verlangen bestehenden Wirklichkeit wurden. Endlich gab ich mich ihr völlig hin, ohne jedes Zweifeln vertraute ich mich ihrer Führung an, ohne Scham oder Angst über die Heftigkeit meiner Gefühle. So war es in New York gewesen, nachdem ich sie verstanden und mich ihr ganz überlassen hatte. Hier gab es keine Grenzen mehr zwischen Begehren und Erfüllung, jede Sekunde war Erfüllung, jede Berührung, gleichgültig an welcher Stelle meines Körpers, verursachte ein Beben, ein Schaudern, eine Woge der Wärme. Ihre Hände, ihr Mund, ihre Zunge, die Bewegungen ihres Körpers, die Abwechslung von Spannung und Entspannung in all ihren Muskeln und die korrespondierenden Bewegungen meines Körpers riefen eine nicht endenwollende Wollust hervor. Die Zeit schien stillzustehen, mein Bewußtsein schien stillzustehen, es gab keine Dauer mehr.

Ich wurde vom sonoren Geräusch einer Schiffssirene geweckt. Ich lag auf der Seite unter dem Deckbett, das Gesicht zum Fenster gewandt, ein fahles Licht fiel ins Zimmer, der Himmel war noch immer grau. Die Wärme des weichen Bettes gab mir ein behagliches Gefühl, ich tastete mit den Händen meinen Körper ab, er fühlte sich fest und glatt an, als hätte er durch die Erfahrung dieser Nacht eine Verjüngungskur erlebt. Vage erinnerte ich mich an den Augenblick, als sie wegging. Wir hatten uns nicht verabschiedet, es wurde nichts mehr gesagt, unser Spiel hatte ein selbstverständliches Ende genommen. Auf meiner Uhr war es halb neun. Aufs neue ertönte die Schiffssirene, das weiße Schiff, das ich abends am Anlegesteg unweit des Hotels hatte liegen sehen, fuhr jetzt bestimmt ab. Ich stand auf und schaute aus dem Fenster. Das Schiff lief aus und steuerte in Richtung Süden. Soweit ich sehen konnte, waren nur wenige Passagiere an Bord. Auf dem unbenutzten Bett lag noch der weiße Morgenrock; sie war also wieder nackt in ihr Zimmer gegangen, das Risiko war gering, daß ihr zu dieser nächtlichen Stunde jemand über den Weg gelaufen wäre.

Auf dem Weg ins Badezimmer sah ich auf dem

kleinen Läufer vor der Tür einen Zettel liegen. Obwohl die Tür nicht verschlossen war, hatte sie mich sicher nicht stören wollen und die Notiz unter der Tür durchgeschoben. “Went for a walk”, stand darauf, “see you at 9 for brkfst.” Ich duschte und zog mich an. Ich wählte ein weites graues Wollhemd, das mir das luxuriöse Gefühl von Freiheit gab, und eine lange Hose in einem etwas helleren Grauton. Da wir bestimmt spazierengehen würden, zog ich schwarze Sportschuhe an. Als ich mich vor dem Spiegel zurechtmachte, sah ich, daß mein Gesicht die entspannten Züge zeigte, welche die Wonnen so einer Nacht zuwege bringen. Ich war schön, meine Augen waren sanft, mein Mund schien sich etwas mehr als sonst zu wölben. Auf Lippenstift verzichtete ich.

Sie saß schon am Frühstückstisch und las die Zeitung. Munter begrüßte sie mich, fragte, ob ich gut geschlafen hätte und erzählte von ihrem Morgenspaziergang. Sie sei bereits um sieben Uhr aufgestanden und wäre so lange gelaufen, bis sie an die Stelle gelangt sei, wo der Wald in eine Wiese übergehe, die langsam abfallend zum Wasser hinunterführte. Am Nachmittag könnten wir dort schwimmen. Etwas weiter weg läge ein Zeltplatz, aber bei diesem Wetter würden bestimmt nicht viele Leute da sein. Vielleicht hätten wir das Reich sogar für uns alleine.

Das Zimmermädchen mit den dunklen Augen kam und fragte, was wir trinken wollten. In ihrer Haltung lag etwas Unbeholfenes, dessen Ursache ich mir nicht erklären konnte. Wir bestellten Kaffee und Tee. Als sie weg war, beugte sich meine Begleitung über den Tisch zu mir und erzählte kichernd, daß das Mädchen sie gesehen habe, als sie nackt aus meinem Zimmer gekommen sei. Das Mädchen sei die Treppe hinaufgekommen, einen Augenblick hätten sie sich aus einer Entfernung von etwa zehn Metern angeschaut, dann sei sie in ihr Zimmer gegangen. Diese Geschichte löste bei mir einen ausgelassenen Lachanfall aus; ich schilderte den Schreck und die Verwirrung des Mädchens, die darauffolgenden schlaflosen Stunden, in denen ihr vielleicht ein Licht aufgegangen sei über das, was sich so alles auf der Welt abspielte, das beängstigende undeutliche Verlangen, das sie verspürt haben würde, die heimliche Scham bei dem Gedanken, daß sie uns am Morgen das Frühstück servieren sollte. »Ach was«, sagte meine Begleitung nüchtern, »die hat doch keine Ahnung.« Als das Mädchen mit dem vollbeladenen Tablett wiederkam, sah ich ihr lachend ins Gesicht, aber sie mied meinen Blick und stellte nur alles vor uns hin. Die Ellenbogen auf den Tisch gestützt, deutete ich auf die verschiedenen Schüsselchen und Schälchen und sagte: »Butter, Käse, Eier, wer gewinnt?«

Unsicher schaute sie mich an. Während ich das helle Rot, das sich auf ihren Wangen zeigte, genüßlich zur Kenntnis nahm, erklärte ich ihr, daß das Spiel, das sie gestern abend mit ihrer Freundin gespielt hatte, in meiner Muttersprache aus unerklärlichen Gründen so hieße. Sie verstand es und lachte. »Wissen Sie«, sagte sie, »meistens gewinnt diejenige, die anfängt.« Ich brachte als Reaktion nicht viel mehr als ein erstauntes »Ach so« heraus. Hatte sie in ihrer Unschuld diese zweideutige Antwort formuliert oder war es Raffinesse? Fragend blickte ich meine Begleitung an, aber die befaßte sich nun eifrig mit Brötchen und Butterportionen. Bei ihrem Spaziergang hätte sie die alte Dame getroffen, die im Hotel wohnte, erzählte sie, sie habe sich angeregt mit ihr unterhalten, die Frau hatte bestimmt viel von der Welt gesehen, war ihr Eindruck, auf jeden Fall sei sie noch an tausend Dingen interessiert. Das sehe man nicht jeden Tag. Wir schätzten, daß sie Mitte siebzig sein mußte, aber sie war noch gesund und rüstig.

Auf dem Gesicht der Frau, die mir gegenübersaß, konnte ich im Vergleich zum vorigen Tag keine Veränderung feststellen. Ihre Augen hinter der kleinen Brille schauten kühl und beobachtend wie immer, und wenn sie lächelte, blieben sie meistens unbeteiligt. Sie trug heute ein Sweatshirt in einer Aprikosenfarbe, die ihr gut stand; auch sie war gebräunt und sah ausgeruht aus.

Ich dachte an den langen Tag, den ich vor mir hatte, und ein Gefühl der Langeweile machte sich bemerkbar. Am liebsten würde ich mich mit einem Buch irgendwohin zurückziehen, wenn das Wetter besser wäre, könnten wir uns ans Wasser legen und lesen. Nun mußten wir uns gegenseitig beschäftigen, und erneut wurde mir bewußt, daß mich diese Frau nicht interessierte. Die Nacht hatte daran nichts geändert. Ich dachte flüchtig an das, was sie mir auf dem Bettrand sitzend erzählt hatte, und mit einem Schuldgefühl gestand ich mir ein, daß ich es lieber nicht wissen wollte. Wie war das nur möglich, ich hatte so etwas noch nie erlebt. Nichts ist schließlich reizvoller, als zu sehen, wie von einer noch so gut wie unbekannten neuen Geliebten die einzelnen Episoden ihres Lebens wie in einem Puzzle Stück für Stück zusammengefügt werden und wie sich so das Wunder, das jede Biographie enthält, langsam offenbart. Im Sog einer Liebesnacht konnte ich die »petite histoire«, die jede mit sich trug, genießen, und wenn sie sich als eine »grande histoire« herausstellte, war es um so spannender. Danach waren dann die Ideen und Meinungen an der Reihe, die Diskussionen, bei denen die Werte und Normen, die die andere vertrat, zum Vorschein kamen. Da konnte schon mal etwas schiefgehen, dann konnte, manchmal durch ein Detail, deutlich werden, daß man nicht zusammenpaßte und daß die Entzweiung bevorstand. Aber dieses Stadium wurde häufig erst lange nach dem ersten Verkehr erreicht, davor hatte es schon viele Signale gegeben, die man erst übersah, aber die nach so einem Zwischenfall, im Nachhinein betrachtet, in die Höhe schossen wie Brennesseln in der Umgebung eines Komposthaufens.

Nach dem Frühstück gingen wir in den Wald. Meine Begleitung war durch ihren Morgenspaziergang schon ziemlich ortskundig. Sie hätte einen Wanderweg von etwa drei Stunden entdeckt, und, fügte sie hinzu, um mich zu beruhigen, die Nachfrage bei der Eigentümerin des Hotels habe ergeben, daß wir, nach dreiviertel des Weges, auf eine Waldschenke stoßen würden. Dort könnten wir dann Mittagessen oder jedenfalls etwas trinken. Im Wald steckte ich mir eine Zigarette an. Nach dem Liebesspiel hatte ich nicht mehr geraucht, ich war sofort eingeschlafen. Nun mußte ich meiner Begleitung beichten, wieviel Zigaretten ich täglich rauchte, und ich nannte ihr eine Zahl, die weit unter meiner Tagesration lag. Trotzdem schüttelte sie den Kopf.

Durch einen dunklen Kiefernwald gelangten wir über einen Kiesweg in einen etwas helleren

Buchenwald. Der Weg führte langsam zu den Hügeln hinauf, die den Stausee umringten. Meine Begleitung lief mir in ihrem umgehängten Regenmantel einige Meter voraus. Über die Nacht war noch kein Wort gefallen, und ich hatte auch nicht das Bedürfnis, darüber zu reden; es war, als hätte die Frau, die mich all die Wonnen erleben ließ, bei Tageslicht eine völlig andere Gestalt angenommen, in der ich nichts mehr von jener Frau fand, die mir in der Nacht so unentbehrlich gewesen war. Ich wäre verzweifelt gewesen, wäre sie plötzlich nicht mehr da. In New York hatte ich dieses Gefühl zum ersten Mal erlebt. Sie schlief den Rest der Nacht in einem anderen Zimmer, weil sie zu zweit in einem Bett nicht schlafen könne, so ihre Erklärung, und ich sah sie erst wieder, nachdem ich aufgestanden war und im Kühlschrank etwas zu trinken gesucht hatte. Sie war in die Küche gekommen und hatte mir ein Glas gegeben, das sie aus einem Schrank genommen hatte. Dann, ich ans Spülbecken gelehnt mit einem großen Glas Ginger-ale in der Hand, sie mir gegenüber mit dem Rücken am Türpfosten mit einer Apfelsine in der Hand, mit der sie nichts anderes tat, als sie hin und wieder mit der Hand ungefähr fünf Zentimeter in die Höhe zu werfen und mit der anderen Hand wieder aufzufangen, hatten wir geredet. Wir glichen zwei Menschen auf einem Bahnsteig, die auf einen verspäteten Zug warteten und die, kurz bevor eine der beiden eine lange Reise antritt, noch ein paar Worte miteinander wechseln. Nur der Gesprächsinhalt war kaum repräsentativ zu nennen für das, was sich Leute normalerweise auf Bahnsteigen zu sagen haben. Sie hatte die Vorlesung fortgesetzt, die sie mir in der Nacht über Erotik, Sexualität und alles, was damit zusammenhing, gehalten hatte. Nur tat sie es jetzt auf eine mehr sokratische Weise. Sie stellte mir Fragen über meine Erfahrungen, erzählte die ihren, verglich sie, destillierte die Übereinstimmungen und Unterschiede heraus, analysierte den Kontext, in dem sie stattgefunden hatten, deckte die darunterliegende Struktur dieser Erfahrung auf, abstrahierte das Zufällige, adaptierte die Fragen und Bemerkungen, die ich zwischendurch einbrachte, damit sie der Erörterung weiterhalfen, widerlegte die einschlägigen Forschungsergebnisse, indem sie das empirische Defizit derer Prämissen aufzeigte, machte en passant eine enthüllende Methode-Analyse, kam zu dem Ergebnis, daß die Methode nicht tauge, gab danach ihre eigene Meinung zum besten, formulierte diese jedoch in der Form einer Frage, mit der sie meine Reaktion herauslockte, auf der sie dann weiterbaute.

Es war brillant und befremdend zugleich. Obwohl ich anfangs von dem, was sie sagte, gefesselt war, merkte ich, daß ich nach einer Weile nur noch darauf achtete, wie sie sprach; wie sie sich in ihrem nun zugebundenen Morgenrock an den Türpfosten lehnte, das rechte Knie gebeugt und den Fuß an die Wand gedrückt, wie ihr Kopf ihre Worte mit leichten Bewegungen begleitete, wie sie mich gelegentlich eine Zeitlang nicht anschaute, sondern zu einem unsichtbaren Auditorium hinter oder neben mir sprach. Nur wenn sie mir eine Frage stellte, waren ihre Augen kühl und beobachtend auf mich gerichtet. Wenn ich antwortete, zeigte sie mir, kaum daß ich angefangen hatte, durch heftigeres Kopfnicken und Kopfschütteln, daß sie meine Antwort schon verstanden hätte, unterbrach mich dann und sprach weiter, den Kühlschrank oder den Elektroherd fixierend. In meinen Gedanken geisterten noch die nächtlichen Bilder herum, und ich suchte nach Worten, die meine Fragen veranschaulichen könnten. Ich fand sie nicht. Ich wollte, daß ihr Redefluß aufhörte, und als das unerwartet eintrat, geschah es mit einem Satz, der seither oft den Schlußpunkt meiner Gedanken bildete: "And that's all about it", sagte sie, legte die Apfelsine in eine Schale, blickte auf ihre Uhr, sagte, daß es bereits halb elf sei, und fragte, wann ich am Flughafen sein müsse. Mir fiel ein, daß ich bis elf Uhr das Hotelzimmer geräumt haben mußte, andernfalls müßte ich noch eine Nacht bezahlen, wenn ich mich nicht beeilte. Sie beruhigte mich, sie wollte im Hotel anrufen und den »floor-manager« bitten, meine Koffer packen zu lassen. Dann könnte ich mein Gepäck abholen, wann es mir beliebte. Ich duschte und zog mich an. Sie hatte ein Frühstück bereitet, und während ich aß, sah ich mit wehmütigem Blick auf die Türme von Lower Manhattan und auf das Dach der Sporthalle unter mir, wo Jogger in Trainingsanzügen Runden liefen und wo auf einem der Tennisplätze zwei Spieler ein Match spielten. Gleich würde ich diese Stadt verlassen müssen, wie lange würde es dauern, bis ich zurückkäme?

Meine Gastfrau fragte, ob ich mich für den Kongreß über Women's Networks, der im Frühjahr in Boston stattfände, angemeldet hätte. Ich sagte, ich wüßte es noch nicht genau. Wenn ich über New York reisen würde, meinte sie, schüttelte aber unmittelbar darauf den Kopf – wir sollten ein Wiedersehen dem Zufall überlassen. Ich war einverstanden, meine Verwirrung über die neue Erfahrung war zu groß, als daß mir etwas anderes eingefallen wäre. Wir tauschten noch Allgemeinheiten aus, dann stand ich auf und sagte, daß ich gehen wolle. Sie brachte mich zum Aufzug, erklärte mir unaufgefordert, wie ich auf die bequemste Weise zum Flugplatz gelangen könne, wir küßten uns flüchtig auf die Wange, nickten einander zu, und als sich die Aufzugstür schloß, rief ich spontan “Thank you”. Ich war allein. Draußen atmete ich die frische Luft tief ein, es war sonnig. Ich beschloß, die wenigen Stunden, die mir noch verblieben, für Einkäufe zu nutzen. Mit dem Bus fuhr ich uptown zur 34. Straße. Die Einkäufe nahmen mich so in Beschlag, daß ich kaum noch an die zurückliegenden Stunden dachte. In einer unerwarteten Kaufwut benutzte ich meine Kreditkarte so hemmungslos, daß ich befürchtete, einer der mysteriös geschalteten Computerterminals würde Alarm schlagen und mich als Betrügerin entlarven. In diesem Fall, bedachte ich mit boshaftem Vergnügen, müßte ich meine Geliebte dieser Nacht bitten, für mich zu bürgen, damit ich das Land verlassen konnte. Das Hotel hatte meine Koffer gepackt und im Depot untergestellt. Meine Neuerwerbungen konnte ich nur noch mit Mühe im Koffer verstauen. An der Rezeption, wo ich die Kosten fürs Kofferpacken bezahlen wollte, reichte mir der diensthabende Hotelangestellte eine Nachricht. “There was a call for you”, sagte er. Ich faltete das Briefchen auf. “Missed you. Where did you go? Phyllis”, lautete der Text. Ich zögerte kurz, sollte ich sie anrufen? Aber was sollten wir uns sagen? Am Schalter holte ich mir Briefpapier und ein Kuvert und setzte mich in der Halle an einen Tisch. “Sorry”, schrieb ich,

“I paniced because of your overwhelming charms. We’ll make it next time.“ So gut es ging, zeichnete ich ein Herz und einen Apfel mit zwei sich küssenden Mündern und bezweifelte nicht, daß sie die Symbolik verstehen würde. Ja, nächstes Mal werde ich mit Phyllis schlafen. Der Gedanke behagte mir sehr.

Wir waren an einem Hohlweg angekommen, der zwischen dem Wald und einem Stück Bauland hindurchführte, auf dem der schon fast reife Weizen vom Wind plattgedrückt war. Es ging nicht mehr bergauf, der Stausee lag jetzt ein ganzes Stück hinter uns. Meine Begleitung verlangsamte das Tempo und lief neben mir her. Sie fragte, wie es meiner Freundin ginge und ob bei uns alles in Ordnung sei. Ich hatte das Gefühl, etwas verteidigen zu müssen, und schilderte ein positives Bild der Situation. Es war nicht so, daß ich log, es gab wirklich ganz erfreuliche Perioden in unserem Zusammensein, ich vermied nur, die Tage und Wochen zu erwähnen, in denen es schlecht ging. Sie nickte zustimmend und fragte, ob meine Freundin über die Art unseres Verhältnisses informiert sei. Ich verneinte. »Warum hast du es ihr nicht erzählt?« wollte sie wissen. Mein Gott, mußte ich ihr das alles erklären? Es schien mir so selbstverständlich zu sein. Es ging sie übrigens auch gar nichts an, das war eine Angelegenheit zwischen meiner Freundin und mir oder, wenn ich mich dafür entschied, nur meine Sache. Ich erklärte, es unnötig zu finden, eine Partnerin zur Teilhaberin von etwas zu machen, das für mich so deutlich abgegrenzt sei, daß es kaum praktische Konsequenzen für den Alltag habe. Es würde sie nur unglücklich machen, sagte ich, sie würde an mir zweifeln und nicht glauben wollen, daß es nicht zu einer Entfremdung zwischen uns führen würde. Die radikale Offenheit über gelegentliche Liebschaften, die manche Leute so vehement vertreten, sei im Grunde eine Form von maßlosem Egoismus. Wenn man den Luxus eines Seitensprungs nicht alleine verantworten könne, solle man es eben sein lassen. So denke ich darüber. Meine Ausführungen mußten wohl sehr ablehnend klingen, aber das war mir gleichgültig; diese Frau war kein wesentlicher Bestandteil meines Lebens, und das sollte sie auch nie werden. Sie sagte lange nichts. Wieder etwas milder gestimmt, versuchte ich ihr entgegenzukommen, indem ich ihr von den Anspielungen erzählte, die meine Freundin regelmäßig machte, und ich verheimlichte ihr auch nicht was sie gesagt hatte, als sie die Seife in meinen Kulturbeutel steckte. Meine Begleitung mußte sehr darüber lachen. »Ich würde sie gern kennenlernen«, sagte sie, »wir würden uns sicher ganz prima verstehen.« Es schien sie außerordentlich zu befriedigen, daß meine Freundin jedenfalls intuitiv die Wahrheit über unser Verhältnis erkannt hatte, sie sah darin eine Bestätigung, die sie aus diesem oder jenem Grund brauchte. Es irritierte mich maßlos.

In der Waldschenke, in der einige Ehepaare saßen, die mißmutig um sich und aus den Fenstern starrten, aßen wir eine Tagessuppe mit viel Einlage. Außer russischen Eiern und Kartoffelsalat mit Frankfurter Würstchen gab es nichts; aufs neue mußte ich die Vorstellung von Steaks und Schnitzeln zurückstellen. Weil ich den Irrtum beging, den bestellten Slibowitz für ein ungarisches Nationalgetränk zu halten, erzählte mir meine Begleitung ausführlich von ungarischen Sitten und Gebräuchen. Ich merkte, wie gern sie darüber sprach, und zwang mich, ihr interessiert zuzuhören. Beiläufig erwähnte sie dabei einen Ehemann, den sie mir bisher verschwiegen hatte. Erst nach einigem Drängen erzählte sie etwas ausführlicher über ihre Ehe, die fünf Jahre dauerte und erst einige Jahre nach ihrer Ausreise in den Westen offiziell geschieden worden war, nachdem ihr Ehemann aus dem Gefängnis entlassen wurde, in das ihn seine Rolle beim ungarischen Aufstand gebracht hatte. Die jahrelange erzwungene Trennung hätte eine Fortführung der Ehe unmöglich gemacht. Sie sprach übrigens mit großer Hochachtung von dem Mann, zu dem sie noch immer Kontakte unterhielt.

Ich fragte sie, seit wann sie sich für Frauen interessierte, und sie erzählte von der großen Liebe zu einer Kommilitonin aus der Zeit vor ihrer Heirat. Später wäre es für sie ganz selbstverständlich gewesen, an die damalige Erfahrung anzuknüpfen. Sie sei auch noch zwei Jahre mit einem Griechen verheiratet gewesen, ein Molekularbiologe wie sie, mit dem sie in Los Angeles zusammengelebt hatte. Über das Motiv für diese zweite Ehe ließ sie sich nicht weiter aus, sie sei aus einer Art Verwandtschaftsgefühl zustandegekommen, zwei entwurzelte Europäer, die inmitten der ehrgeizigen, nicht von Heimweh geplagten Kalifornier gegenseitiges Verständnis und Trost gesucht hätten. Wegen einer heftigen Zuneigung zu einer Frau wäre sie Hals über Kopf nach New York gezogen; der Grieche hätte keine Mühe gescheut, sie zurückzuhalten, und hätte ihr nie verziehen, daß sie ihn vor seiner Familie und seinen Freunden blamiert habe. Sie sprach verbittert über ihn. Ich fragte, was sie ihm vorzuwerfen habe, und ich sagte, ich könne mir vorstellen, daß der Mann nicht gerade erfreut über ihre Abreise gewesen sei. “He tried to stop me, that’s all”, sagte sie. Ihr

Mund hatte einen strengen und unerbittlichen Zug angenommen. Ich warf ein, daß es sein gutes Recht gewesen sei, so zu handeln, aber sie schob ihren Suppenteller von sich weg und sagte, daß niemand das Recht habe, wen auch immer zurückzuhalten, wenn es um Liebe gehe. Ich hätte gern mehr für den Griechen gesprochen, aber das abwehrende Gesicht meiner Begleitung hielt mich von weiteren Kommentaren ab.

Auf dem Rückweg zum Hotel spürte ich, wie der innere Widerstand gegen meine Begleitung stärker wurde. Warum mußte der Mann, mit dem sie sich, wie sie sagte, so gut verstanden hatte, einer Leidenschaft weichen, die kaum ein Jahr standhielt? Und warum sollte man nicht um einen Partner kämpfen dürfen, der einem lieb und teuer ist? Ich dachte an die enorme Kraft, die diese Frau besaß, und fragte mich, was sie wohl mit mir vorhatte. Das in der Nacht angefangene Gespräch würde sicher im Laufe des Tages fortgesetzt werden. Ich hoffte auf ein Ereignis, das dies verhindern könnte.

Ich beschleunigte mein Tempo, so daß ich jetzt diejenige war, die vorausging, und verbarg mich hinter dem hochgeschlagenen Kragen meines Regenmantels. Nach einer guten Stunde hatten wir das Hotel erreicht; ich sagte meiner Begleitung, daß ich müde sei und mich ausruhen wolle, und ging, ohne auf sie zu warten, in mein Zimmer. Angezogen hatte ich mich auf dem Bett ausgestreckt, als ich ein leises Klopfen hörte. Weil ich keine Lust hatte, wieder aufzustehen, fragte ich laut, was los sei. Ob ich um drei Uhr wieder unten sein könnte, wollte sie wissen, und ob wir dann vielleicht schwimmen gehen wollten. Ich rief zurück, sie könne mit mir rechnen, obwohl mich das graue, sicher kalte Wasser nicht sehr reizte.

In dem Buch, das ich als Reiselektüre mitgenommen hatte, lag an der Stelle, die ich zum letzten Mal in Spanien aufgeschlagen hatte, die Eintrittskarte für eine Flamenco-Show, die ich mir in Granada angesehen hatte. Die Bilder von tanzenden Männern und Frauen, die das rosafarbene Billett bei mir hervorrief, verhinderten, daß ich mich in die Lektüre vertiefen konnte. Ich legte das Buch auf den Nachttisch und legte mich auf den Bauch, um ein wenig zu schlafen. Chaotische Vorstellungen drängten sich mir auf, die fülligen Körper der andalusischen Frauen und deren majestätische Haltung wechselten mit Bildern des glänzenden schlanken Körpers der Frau, die mich in der vergangenen Nacht geliebt hatte. Dann tauchte das Gesicht des Zimmermädchens auf, oder ich sah die Augen meiner Freundin auf mich gerichtet und Nahaufnahmen ihres Mundes. Aber auch Bilder von

Frauen aus einer weiter zurückliegenden Vergangenheit stellten sich ein, einige diffus und wie von Nebel umhüllt, andere ganz scharf. Von der einen war eine bestimmte Haltung übriggeblieben, eine Art des Sitzens oder Stehens, die sie von allen anderen Frauen unterschied, oder eine Gebärde, die ich nur von dieser einen Frau kannte und bei keiner anderen je wiedergesehen hatte. Eine Schulter wurde sichtbar, ein Grübchen in einem Schlüsselbein und die pochende Schlagader darunter, aber ich konnte mir kein dazugehöriges Gesicht vorstellen, und bei dem schmalen Rücken einer Frau, von dem ich wie durch eine Lupe die hellen Härchen in der Mulde des Rückgrats sah, konnte ich kein präzises Bild produzieren, wie ihr Bauch und ihre Brüste ausgesehen hatten. Aus der Peripherie der dreidimensionalen Projektionsfläche, auf der die Bilder auftauchten und wieder verschwanden, drängten sich jetzt auch andere auf, die ich vergeblich zurückzudrängen versuchte, Bilder, die mich unangenehm berührten oder abstießen. Es waren Gesichter darunter, die mich bewegungslos anblickten, die ich nicht sehen wollte, weil sie mich an schmerzliche Momente erinnerten, als mir diese Gesichter fremd und beängstigend erschienen, wie Masken auf Gemälden von Ensor. Münder, die sich verzogen und unhörbar verbitterte Worte aussprachen, das halb von mir abgewandte Profil einer Frau, die, in dieser Haltung erstarrt, unberührbar geworden war, ein in Bosheit versteifter Rücken, eine Hand, die verkrampft im Raum umhertastete und keinen Halt fand, die Struktur einer Haut, die mich erschaudern ließ, die Bewegungen eines Bauches, die mich mit Ekel erfüllten. Mit einer wilden Bewegung drehte ich mich auf den Rücken. Der immer wieder auf der Lauer liegende Gegenpol der Leidenschaft, die Ernüchterung, die Entfremdung, Abscheu schließlich. Wie unvorhersehbar der Verlauf einer Liebe immer ist! Was suchten Augen eigentlich, wenn zwei ineinander verliebte Menschen damit nicht aufhören konnten, immerfort den Blick des anderen zu suchen? Auch das andere Schauen, das viel heimlichere, fast als indiskret erfahrene Schauen nach der Geliebten, wenn die sich unbeobachtet wähnte, und vor allem die so bedeutungsvolle Möglichkeit oder Unmöglichkeit, den Anblick des anderen Gesichtes in der äußersten Ekstase ertragen zu können. War es das Suchen nach einer Bestätigung, oder war es gerade das ängstliche Suchen nach einer möglichen Verleugnung der Liebe? Versuchten Augen vielleicht verzweifelt, das Bild wiederaufleben zu lassen, das entstand, als damals in einer Sekunde die Liebe wie ein Blitz aus heiterem Himmel einschlug und die andere noch eine Ganzheit war, bis ins Innerste kannte oder wieder erkannte, oder wollten sie dieses Bild gerade zerstören, indem sie die Geliebte bis ins kleinste Detail auseinandernahmen, bis sie schließlich nicht mehr zu erkennen war und nur noch vorhanden war als eine Art Objekt einer Personenbeschreibung in einem Fahndungsbericht der Polizei?

Trotz meiner bedrückenden Gedanken mußte ich eingeschlafen sein. Ich wurde von einem leisen Klopfen geweckt und hörte die Stimme meiner Begleitung, die sagte, es sei schon Viertel nach drei, ob ich nicht aufstehen wolle. Ich rief, daß ich gleich fertig sei, stand auf und merkte, daß ich Kopfschmerzen hatte. Draußen schien sich der Himmel etwas aufgeheitert zu haben, ich konnte jetzt, als ich den See überblickte, die Ufer unterscheiden, die erst nicht erkennbar gewesen waren. An den Fahnen beim Anlegesteg konnte ich sehen, daß ein leichter Wind aufgekommen war; das konnte nur einen günstigen Einfluß auf das Wetter bedeuten. Ich zog meine ziemlich zerknitterten Sachen aus und einen Trainingsanzug an, der noch unausgepackt im Koffer lag. Auch wenn ich nicht ins Wasser ginge, würde es am See kühl sein.

Unten in der Halle studierte meine Begleitung die dort an der Wand hängende Karte des Dorfes und seiner Umgebung. Mit ihrem Finger ging sie der Route nach, die wir am Vormittag zurückgelegt hatten. Ich schlug vor, nicht zu Fuß zu der Stelle zu gehen, wo man baden konnte, sondern mit dem Auto an den Strand zu fahren, weil das im Hinblick auf den Rückweg viel angenehmer wäre. Weil ich Aspirin kaufen wollte, um meine Kopfschmerzen zu lindern, machte ich auf der Suche nach einer Apotheke einen Umweg durch das Dorf. Nicht weit voneinander entfernt gab es zwei. Das war Deutschland, hier brauchte man nicht lange zu gehen, wenn man Linderung körperlichen oder seelischen Leidens suchte. In dem neben einer der Apotheken gelegenen Supermarkt kaufte ich eine Flasche Mineralwasser und eine Rolle Kekse; weil wir nur ein spärliches Mittagessen eingenommen hatten, verspürte ich jetzt schon wieder Hunger. An der Kasse stand die alte Dame aus dem Hotel, die mich freundlich grüßte und fragte, ob wir wieder einen Spaziergang machen würden. Sie schüttelte den Kopf, als ich ihr sagte, daß wir vorhätten, schwimmen zu gehen. Das Wasser wird sicher sehr kalt sein, erwiderte sie, nun ja, wir seien noch jung und könnten es bestimmt ertragen. Ich fragte sie, ob ich sie irgendwohin fahren könne, aber sie verneinte, sie wollte sich in einer Konditorei mal ausführlich mit Kaffee und Kuchen verwöhnen und ein paar Briefe schreiben; man könnte sich ja nicht immer in den Wäldern aufhalten, Bäume seien auf Dauer sehr schweigsame Partner.

Langsam fuhr ich die wenigen Kilometer zu dem Parkplatz, von dem ein schmaler Kiesweg zum See führte. »Zeltplatz« stand auf einem Schild, das in der Form einer grobflächigen Hand mit einem in die Richtung deutenden Zeigefinger gezimmert war. Ich holte aus dem Kofferraum zwei kleine Klappstühle und ein paar Decken heraus und nach einigem Zögern auch meine Tasche mit den Badeklamotten. Meine Begleitung hatte ihren Badeanzug in ein Handtuch gerollt und trug das Bündel unterm Arm. Es erinnerte mich an früher, als jeder so ausgerüstet ins Schwimmbad ging, die Badetasche war sicher erst eine spätere Erfindung. Über den Kiesweg, der zum Zeltplatz führte, kamen wir durch einen schmalen Waldstreifen zu einem Wiesenstück, das mit hohem Gras bewachsen war. In der Mitte der Wiese saßen ein paar junge Leute um ein offenes Feuer herum, in das sie Äste und Zweige hineinwarfen, die sie, einander abwechselnd, unter den Bäumen zusammensuchten. Wir liefen eine Weile am Wasser entlang und kamen ans Ende der Wiese, die durch einen Steilhang begrenzt wurde; hinter Sträuchern, die dort standen, ließen wir uns nieder. Auf der anderen Seite des Stausee-Überlaufs sahen wir in ein paar hundert Metern Entfernung die Zelte und Wohnwagen des Campingplatzes. Kinder spielten am Ufer, zwischen den Zelten bewegten sich Erwachsene, jemand mußte früh Appetit bekommen haben; der dicke Rauch, der hinter einem Zelt aufstieg, deutete auf ein Barbecue, das man gerade angezündet hatte. Mit Begierde stellte ich mir die goldbraun gerösteten Fleischstücke vor, die man dort gleich verzehren würde. Ich schlug meiner Begleitung vor, den zweifellos gastfreundlichen Zeltplatzbewohnern einen Besuch abzustatten und uns selber zum Barbecue einzuladen, man könnte ganz einfach am Wasser entlang dorthin gehen. Sie schupste mich spielerisch, ich ließ mich mit dramatischer Gebärde hintüber fallen. Indem ich mit den Händen über meinen Bauch und Magen fuhr, rief ich jammernd, daß ich Hunger hätte, großen Hunger, so großen Hunger, daß ich Kopfschmerzen bekommen hätte. Sie kniete sich neben mir nieder und fing an, mit drei Fingern jeder Hand meine Schläfen zu massieren. Mit geschlossenen Augen ließ ich es zu, es half wirklich ein wenig, und ich verzichtete darauf, ein Aspirin zu nehmen. Für meinen fast leeren Magen hätte das bestimmt eine ungesunde Belastung bedeutet. Sie fing an, sich auszuziehen, ich zögerte, es ihr gleichzutun, und zog vorläufig nur meine Sportschuhe und Socken aus, um die Wassertemperatur zu erkunden. Es war wärmer, als ich dachte, obwohl es an den tieferen Stellen sicher kälter sein würde. Während ich noch dabei war, mir den Bikini anzuziehen, lief meine Begleitung schon zum Wasser. Sie warf ein paar Handvoll Wasser über ihre Arme und Schultern und ging ohne Zögern hinein. Ich bewunderte ihren Mut. Sie trug einen sehr professionell aussehenden, glänzenden Badeanzug aus dünner Kunstfaser, die Schulterbänder mündeten in einen schmalen Rückenteil, und wieder fiel mir auf, wie muskulös ihre Schultern und Arme waren. Als sie bis zur Taille im Wasser stand, drehte sie sich um und machte eine einladende Geste. Ich mimte eine fröstelnde Haltung, wobei ich meine Arme gekreuzt über die Schultern schlug. Sie lachte, drehte sich um und tauchte unter. Nur ganz kurz konnte ich ihr mit den Augen folgen, dann war sie spurlos verschwunden; ich konnte nur raten, wo sie sich irgendwo unter dem Wasserspiegel befinden mußte. Es dauerte beängstigend lange, bis sie wieder auftauchte, viel weiter entfernt, als ich vermutet hatte. Wieder drehte sie sich nach mir um, winkte mir mit dem rechten Arm zu, ging in einer fließenden Bewegung zur Kraullage über und kraulte davon. Sie hatte einen wunderbaren Stil, lag tief und flach im Wasser, hob den Kopf kaum hoch, ohne eine einzige überflüssige Wendung des Körpers glitt sie durch das Wasser. Schultern, Arme und Hände bewegten sich in einem geschmeidigen Rhythmus und in einer unveränderlichen Lage im Verhältnis zum Wasserspiegel vorwärts, als hätten sie sich vom Rest des Körpers unabhängig gemacht; nur ein leichtes Kräuseln des Wassers verriet, wo ihre Beine die vorwärtstreibende Kraft erzeugten. Schon bald war sie so weit weggeschwommen, daß die einzelnen Bewegungen zu einer Ganzheit verschmolzen. Sie schien ohne Unterbrechung aufs andere Ufer zuzusteuern.

Zögernd, die Arme beschützend um mich geschlagen, ging ich ins Wasser und ließ es ganz allmählich meinen Körper hinaufkriechen. Beim Übergang von der Taille zum Rücken blieb ich unschlüssig stehen. Es war schlankweg unangenehm. Ich machte Schultern und Gesicht naß, wodurch mir noch kälter wurde, machte Anstalten unterzutauchen, aber ließ es im letzten Moment doch sein. Laut schalt ich mich wegen meiner Feigheit aus. Als ich mich umdrehte, sah ich, daß die um das offene Feuer versammelten Jungen und Mädchen meine Versuche interessiert verfolgten. Die Schadenfreude, die sie in ihrem jugendlichen Übermut zweifellos empfanden, war für mich gerade genug Herausforderung, den letzten Schritt zu wagen. Ich schwamm. Erst nach einigen Minuten, in denen ich mich mit wilden Bewegungen durchs Wasser arbeitete, hatte ich mich an die

Kälte gewöhnt. Gleich außer Atem, legte ich mich auf den Rücken und hielt mich mit langsamen Bewegungen über Wasser. Durch den Windfang, den das hohe Ufer bildete und der den Stausee-Überlauf gegen den Wind schützte, war die Wasseroberfläche glatt, weiter weg, zur Mitte des Sees hin, sah sie unruhig aus. Ein paar Segelboote waren zu sehen, die sich gemächlich auf dem Wasser bewegten, und etwas später erschien aus südlicher Richtung das weiße Passagierschiff, das heute schon zum x-tenmal den Anlegesteg beim Hotel ansteuerte. Ich überlegte, was an so einem Ausflug über den ziemlich schmalen, langgestreckten See reizvoll sein könnte, dessen Ufer, soweit ich sie überblicken konnte, keine andere Abwechslung boten als eine Variation von dunklen Nadel- und etwas helleren Mischwäldern. Aber wer weiß, vielleicht erzählte man den Touristen in den beiden jeweils an der Nord- und Südseite des Sees gelegenen Dörfern, daß Kaffee und Kuchen im andern Dorf ungleich besser schmeckten als im eigenen, oder man erwartete, bei einer Fahrt mit dem Ausflugsdampfer etwas zu erleben, das nur auf diese Weise erlebt werden konnte: einen Hauch von Abenteuer, ein Echo des kosmopolitischen Gefühls, das eine richtige Seereise mit sich bringt, eine Befreiung vom Auto, mit dem man zwar uneingeschränkt beweglich, das aber durch den täglichen Gebrauch von der Wohnung zur Arbeit und von der Wohnung zum Supermarkt zu einem so trivialen Transportmittel geworden ist, daß das Abenteuer des Sichfortbewegens nur noch in einer äußerst abgeschwächten, rudimentären Form erlebt werden kann.

Mit regelmäßigen Zügen schwamm ich in Brustlage hinter meiner Begleitung her. Als ich etwa auf halbem Wege zum anderen Ufer war, sah ich, wie sie in der Nähe der spielenden Kinder aus dem Wasser stieg. Sie drehte sich nach mir um und streckte beide Arme über den Kopf, wie es Spitzensportler zu tun pflegen, die auf dem Ehrenpodium den Applaus des Publikums entgegennehmen. Ich winkte ihr zu und wies in die Richtung, aus der wir gekommen waren, um ihr deutlich zu machen, daß es mir für heute reichte. Langsam schwamm ich zurück. Es ärgerte mich, nicht daran gedacht zu haben, eine Flasche Schnaps mitzunehmen; nach dem kalten Bad hätte mir ein Slibowitz oder Cognac bestimmt gutgetan.

Als ich den Strand fast erreicht hatte, hörte ich meine Begleitung schon dicht hinter mir. Mich umblickend, sah ich, daß sie in der Absicht auf mich zuschwamm, mich zu umfangen. Wie früher, als das Einen-an-den-Beinen-Ziehen und Untertauchen das Spielchen war, mit dem wir unsere Schwimmbadnachmittage verbrachten, setzte bei mir Panik ein. Ich erhöhte mein Tempo, spürte den altbekannten Krampf in den Beinen, der offenbar zu einer Flucht durch Wasser gehörte, und ging zu einem wilden Gekraule über, das meinen Atem so durcheinanderbrachte, daß ich einhalten mußte und mich wie verrückt mit den Beinen zappelnd auf den Rücken legte. Doch sie kam immer näher, packte mich zuerst an den Knöcheln, zog mich an den Beinen zu sich heran und schlang ihre Arme um meine Taille. Keuchend ließ ich mich von ihr über Wasser halten. Sie drückte sich an mich und küßte mich sanft auf den Mund, dann zog sie mir mit einer schnellen Bewegung das Bikinihöschen runter und streichelte meinen Po. Mit erschreckter Miene zog ich das Höschen wieder zurecht und schupste sie von mir. Sie lachte herausfordernd. Nebeneinander schwammen wir weiter, bis ich wieder stehen konnte und mit weitausholenden Bein- und Armbewegungen ans Ufer watete.

Während wir uns abtrockneten, fragte ich sie, wo sie den wunderbaren Schwimmstil gelernt habe. Sie erzählte, daß sie sich schon als junges Mädchen im Schwimmen hervorgetan habe und es in Ungarn bei Wettkämpfen ziemlich weit gebracht hätte. Schwimmen sei ihr wichtigster Ausgleichssport geblieben, und in New York schwimme sie in der Sportschule hinter ihrem

Wohnblock fast täglich. Ich erzählte ihr von meinen Spekulationen, daß ich, wegen ihrer muskulösen Arme und Schultern, gedacht habe, sie spiele Tennis oder betreibe Bodybuilding. Diese Vorstellung entsetzte sie. Außer Schwimmen haßte sie jede Sportart, behauptete sie, und besonders Bodybuidling fand sie absolut pervers. Ich konnte es nicht lassen, eine herausfordernde Positur einzunehmen, bei der ich eindrucksvolle Muskelpakete suggerierte, aber sie fing an, mich mit Zweigen und Steinchen, die im Gras lagen, zu bombardieren, so daß ich meine Haltung aufgab und eine Decke über sie zu werfen versuchte, die ich vom Boden aufhob. Sie wehrte sich heftig, und keuchend und lachend zogen wir an beiden Seiten der Decke, bis sie plötzlich losließ und ich beinahe rücklings hingefallen wäre. Ich wollte ihre Beine packen, aber sie sprang zur Seite und rannte davon. Es war nicht schwer, sie einzuholen, ich lief an ihr vorbei, hielt abrupt wenige Meter vor ihr und stellte mich im Bockstand hin. Der Druck ihrer Hände war kaum spürbar, als sie tatsächlich breitbeinig über mich hinwegsprang und sich jetzt ihrerseits mit gekrümmtem Rücken vornübergebeugt hinstellte. Ich sprang absichtlich zu spät, so daß ich auf halbem Wege steckenblieb und wir beide auf die Erde rollten. Augenblicklich krabbelte sie auf die Knie und versuchte, mich mit dem

Rücken auf den Boden zu drücken. Mit angezogenen Beinen stupste ich sie mit den Knien weg und packte ihre Handgelenke so fest, daß sie nur noch etwas unbeholfene Armbewegungen zustande brachte. Langsam drückte ich sie mit ihren Armen hintüber ins Gras und setzte mich triumphierend auf sie. Sie drehte und wendete sich, um unter mir hervorzukommen, gab es nach einer Weile jedoch auf. Ihr Körper entspannte sich, und tief atmend ergab sie sich. Jetzt erst fielen mir ihre Augen wieder auf, die aus einiger Entfernung nicht den verträumten Ausdruck gehabt hatten, der mich jetzt wieder traf. Langsam schwand das Lachen aus unseren Gesichtern, und in einem reglosen Schweigen, in dem nur noch unser schwerer Atem hörbar war, schauten wir uns an. Ich verspürte den Schauder wieder, der mich stets dazu gebracht hatte, den Blick abzuwenden, aber jetzt trotzte ich dieser Neigung und zwang mich dazu, kühl und analytisch zu ergründen, was es war, das mich in diesen Augen an eine Urfrau denken ließ. War es die Farbe, die graugrüne Iris, die an isländisches Moos erinnerte und an durch Mikroorganismen verfärbte Felsen in einer unwirtlichen Landschaft? Oder war es die Unbeweglichkeit, das Fehlen jedes Funkelns und jeder Veränderung, die durch kaum merkliche Verengungen und Erweiterungen der Pupille verursacht wurde und den Augen jenen nicht zu benennenden, immer wechselnden Ausdruck gab, an dem man sich bei der Frau, in die man verliebt war, nicht sattsehen konnte? Wenn ich in diese Augen blickte, hatte ich das ambivalente Gefühl, daß sie mich voll und ganz aufnahmen und gleichzeitig nicht sahen. Als wäre ich schon immer dagewesen und hätten mich diese Augen beobachtet und gekannt, lange bevor ich mir selbst meiner Existenz bewußt geworden war. Aber wo, in Gottes Namen, war diese Frau die ganze Zeit gewesen, und wohin zwang sie mich zurückzukehren oder hinzugehen? Während ich noch immer mit festem Griff ihre Handgelenke umfaßte und sie ins Gras drückte, verspürte ich von neuem Angst. Diese Frau gehörte einer anderen Ordnung an als ich, sie wußte von Welten, von denen ich nichts wissen konnte und auch nichts wissen wollte, von Dingen, die weit von mir entfernt oder vielleicht tief in mir waren und die ich nicht zu kennen begehrte. Hatte ihr Blick nicht etwas von der starren Wachsamkeit, die ich von Eidechsen kannte, wenn sie in der grellen Sonne, an einen Felsen gedrückt, den Anschein erweckten, als würden sie lauschen und etwas anschauen, das unendlich weit weg ist, etwas, das sich in Zeit und Raum außerhalb der menschlichen Dimensionen abspielte?

Der Vergleich berührte mich so stark, daß ich

die Augen schloß und mein Gesicht abwandte. Ein lähmendes Gefühl ergriff mich, etwas Absolutes, dem ich nicht gewachsen war, rüttelte an mir. In dieser siegreichen Haltung rittlings auf der Frau sitzend, die ich mir anscheinend so mühelos unterworfen hatte, wußte ich, daß ich den schwächsten und enthüllendsten Augenblick meines Lebens erlebte. Blitzschnell war ich mir aller Zweifel und Unwahrhaftigkeiten, aller Lügen, Konstruktionen und Trivialitäten meines Daseins bewußt geworden. Hier war ich, und meine geschickt konstruierte und aufrechterhaltene Selbstgefälligkeit fiel in Stücke, ich konnte mich selbst nicht mehr behaupten. Mit einem Laut, der ein Mittelding zwischen Stöhnen und Schluchzen war, ließ ich mich neben sie auf den Boden fallen. Die Arme um den Kopf verschränkt, lag ich auf dem Rücken, und zuerst unhörbar, danach immer lauter und in ein Stakkato übergehend, entwischten mir Worte. Ich fluchte. In allen mir bekannten Sprachen kotzte ich die Verwünschungen, Gotteslästerungen und Obszönitäten heraus, die ich je gehört und mir gemerkt hatte. Es strömte aus mir heraus, als wäre ein Geschwür aus Wörtern geplatzt, ein schmutziggrauer unverdaubarer Sprachklumpen, eine Wut von solcher Heftigkeit, daß mein Körper sich um sie herum krümmte, wie sich ein verwundetes Tier um das Zentrum des Schmerzes krümmt.

Erst nach langer Zeit hörte es auf, Worte tröpfelten nach, als würde ein Reservoir langsam leerlaufen. Mein Bewußtsein kehrte zu dem Punkt zurück, von dem aus ich mich selbst wie eine Fremde beobachten konnte. Da lag ich, ausgestreckt auf einer graugrünen Wiese, die Fäuste geballt, alle Muskeln angespannt, das Gesicht verzerrt, und neben mir, auf der Seite liegend, den Kopf mit einer Hand gestützt, die Frau, die Unbekannte. Sie tat nichts, sagte nichts, schaute mich nur ausdruckslos, geduldig, ohne Verwunderung oder Angst an, sie war über meine entsetzliche Wut erhaben, sie wußte alles, was in mir vorging.

"Get up", sagte sie, "you're getting cold." Als ich etwas schwankend auf den Beinen stand, schlang sie ihren Arm um mich und führte mich am Ufer entlang dorthin zurück, wo unsere Sachen lagen. Auf halbem Wege passierten wir das Grüppchen junger Leute am offenen Feuer. Es überraschte mich, daß keiner von ihnen auch nur einen Ton, einen Laut von sich gab. Ich atmete den Geruch verbrannten Holzes tief ein. Ich beneidete die Gruppe um das einfache Vergnügen ihrer Anwesenheit an diesem Ort. So einfach war es für mich auch gewesen, bevor die erste große Leidenschaft mich aus dem Lot gebracht und mir die Fähigkeit des unbefangenen Genießens für immer genommen hatte.

Wir zogen uns an und setzten uns, jede in eine Decke gehüllt, nebeneinander auf die niedrigen Klappstühle. Ich schlug die Arme um die Knie und schaute, den Kopf an die weiche Decke geschmiegt, an meiner Begleitung vorbei über den See. Ein Surfer scherte diagonal durch die Wasserfläche, die ich überblicken konnte; ich verfolgte die scharf gezogene Bahn, die er beschrieb, und nahm die elegante Spannung in mich auf, die von der schlanken Silhouette des Mannes ausging. Ich spürte, wie die Kälte langsam aus meinem Körper wich und, wie wenn man, nachdem man eine lange Zeit im Halbschlaf verbracht hatte, froh war, wieder in die Wirklichkeit zurückgekehrt zu sein, begrüßte ich das Hungergefühl in meinem Magen wie eine alte Bekannte. Ich nahm die Rolle Kekse aus meiner Tasche und aß gierig davon. Essen und Trinken, Süßigkeiten, Torten, große Eisbecher mit Früchten, volle Schüsseln mit erlesenem Fleisch und Würsten, dunkle runde Brotlaibe, pralle Kürbisse, Paprika, Auberginen, Krebse und Austern, große Fische, Longdrinks mit klirrenden Eiswürfeln, fluoreszierende Cocktails, Gläser voll dunklen Weins, Musik und leise sprechende Menschen, stolze Frauen und lässig an Balustraden gelehnte Männer – mit Wollust gab ich mich den sich mir in scharfen Umrissen darbietenden Bildern hin, die von einem genialen Werbemann inszeniert schienen, eine lachende Welt der erfüllten Versprechungen, ein atemberaubender Logo der Leichtigkeit des Seins.

Ja, sagte meine Begleiterin nach langem Schweigen, sie verstehe sehr gut, was mich bewege, der Kampf mit den Gefühlen, so wäre es, wenn sich etwas Außergewöhnliches anmelde und man sich dagegen zur Wehr setze, weil gleichzeitig mit der vorausgeahnten Erfüllung auch die Ernüchterung und die Zerstörung, die als Risiko immer vorhanden seien, sichtbar würden. Sie hätte es selbst erlebt, sagte sie, aber diesmal, so stelle sie mit Erstaunen fest, sei ihre Erwartung nicht mit Angst verbunden. Sie wäre sich so sicher, daß wir füreinander bestimmt seien, ihr Gefühl spreche eine deutliche Sprache, es könne keine Bedrohung geben – was einen Anfang genommen habe und das, was sich noch am Horizont abzeichne, sei eine große Leidenschaft und eine große Liebe –, wir würden glücklich sein. Alle Sterne stünden günstig, alles würde gelingen, allein die Tatsache, daß sie jetzt hier wäre, sei der Beweis, daß unsere Verbindung keine Hindernisse kenne. Wie hätte sie im Dezember hoffen können, Zeit zu finden, um diesen Sommer nach Europa zu kommen. Das

Forschungsteam, mit dem sie zusammenarbeite, befände sich gerade in diesen Monaten in der Phase eines Projekts, für das viel Geld lockergemacht worden sei und bei dem man in einem Laboratorium in der glühenden Hitze Nevadas mit Apparaturen der amerikanischen Luftwaffe arbeite. Ihre Rolle bei diesem Projekt sei schon vor einem Jahr genauestens festgelegt worden. Aber ihre Spezialisierung im Team, das sich mit dem Einfluß von nuklearer Strahlung auf die DNA-Struktur beschäftige, sei plötzlich nicht mehr unentbehrlich gewesen, nachdem auf Kosten der Unesco ein deutscher Forscher an dem Projekt beteiligt wurde. Dadurch habe sie sich ein paar Wochen freinehmen können, das Unesco-Geld wäre die Rettung gewesen, und nicht nur für dieses Treffen, sondern auch für unsere gemeinsame Zukunft. Sie schwieg. Nach dem bisher Gehörten war es, als säße ich in völliger Einsamkeit am Wasser und aus einem Transistorradio neben mir wäre eine Stimme ertönt, die nun eine Weile schwieg, die aber gleich wieder fortfahren und Sachen sagen würde, die zwar für mich bestimmt waren, die jedoch nur zu mir durchdringen könnten, solange ich nicht auf die Taste drückte, mit der ich diese Stimme für immer zum Schweigen bringen könnte.

Das Research-Institut, von dem der deutsche Forscher käme, fuhr meine Begleitung fort, habe seinen Platz nämlich freigehalten, um jemanden für ein neu zu startendes Projekt einstellen zu können, wobei man einen Wissenschaftler aus den Vereinigten Staaten bevorzugen würde. Von verschiedenen Seiten hätte man Druck auf sie ausgeübt, dieses Angebot anzunehmen. Sie hätte keine lange Bedenkzeit gebraucht, sagte sie, die Aussicht, in Europa arbeiten zu können, erschiene ihr sehr reizvoll, und vor allem die Tatsache, daß das Forschungsinstitut nur etwa drei Autostunden von meinem Wohnsitz entfernt sei, habe ihren Enthusiasmus beflügelt. Es liefe darauf hinaus, daß sie im Dezember nach Deutschland kommen und im Januar mit der Arbeit beginnen würde. Und dann, endete sie, könnten wir uns so oft sehen, wie wir wollten.

Als wollte ich mir selbst das ewige Schweigen auferlegen, stopfte ich die letzten Kekse aus der Rolle hintereinander in den Mund. Ich spürte, wie die Masse langsam weich wurde und sich zwischen meinen Zähnen festsetzte. Der mehlige Brei schien Zunge und Gaumen aneinander festzumauern, ich hörte auf zu schlucken und hatte das Gefühl zu ersticken. Mit einer heftigen Bewegung warf ich die Decke von mir ab und rannte zu einem Strauch, unter dem ich die breiige Masse, so gut es ging, wieder ausspuckte. Sie bildete ein unappetitliches Häufchen zwischen den kleinen weißen Blumen, die den Boden deckten. Als ich mich umdrehte, sah ich, daß meine Begleitung sich auch erhoben hatte und, die Decke um die Schultern gehüllt, am Rand des Wassers stand, von wo aus sie zur anderen Seite des Stausees blickte, als gäbe es dort etwas zu sehen. Ich nahm einen Schluck Mineralwasser, spuckte es prustend wieder aus, gab dem Klappstuhl einen Tritt, so daß er mit eckigen Bewegungen in die Richtung meiner Begleitung purzelte, und rief ihr zu, daß sie verrückt, hoffnungslos verrückt sei, daß der Teufel sie holen könne, daß sie eine "fucking bitch" sei, daß ich es nicht akzeptiere, von ihr zu irgend etwas gezwungen zu werden, gezwungen!, vergewaltigt, »raped« zu werden, daß sie mit ihrem Egoismus ihre Lust bei einer anderen auslassen sollte, daß sie mir den Buckel runterrutschen könne, daß ich verheiratet sei und nicht daran dächte, meine Ehe aufs Spiel zu setzen für ihre unersättlichen Lüste, sie könnte mich kreuzweise, ich hätte keine Zeit für sie, ihre Moleküle könnten mir gestohlen bleiben und ihr Research-Institut ebenso, und ob sie überhaupt wüßte, mit wem sie es zu tun hätte.

Es klang nicht sehr überzeugend, meine Wut war eher gespielt, als daß sie, wie vor einer Weile, mit mir durchging. Aber wenn die echte Wut auch ausblieb, empört war ich auf jeden Fall. Wiederum war ich das Opfer eines minutiös geplanten Überfalls geworden, wie an dem bewußten Abend in New York, als ich mich von meiner Begleitung ins Bett kommandieren ließ. Wie konnte sie ihrer selbst und mir so sicher sein, daß sie den Sprung nach Europa wagen wollte. Die Entscheidung war bestimmt schon vor langer Zeit gefallen, wahrscheinlich hatte sie nicht einmal meine Antwort auf ihren Brief abgewartet.

Welche Signale von mir hatte sie während der Nacht in Bleecker Street aufgefangen? Oder hatte sie überhaupt keine aufgefangen, mich nicht einmal gesehen und ließ sie sich von einem unbedingten Willen, auf der Suche nach ihren Wurzeln, vorwärtstreiben, wobei ich nicht viel mehr als ein Katalysator für diesen Impuls war? "I don't want you to come", rief ich ihrem Rücken zu, "I'm not going to visit you."

Sie drehte sich lachend nach mir um. "But I will visit you", rief sie, "and I'm sure you'll be looking forward to it."

Ich gab es auf, gegen sie war kein Kraut gewachsen, ich wollte nachdenken und mich auf diese völlig neue Situation besinnen. Bis Dezember konnte noch viel geschehen, ich hatte Zeit genug, dahinterzukommen, was diese Frau in meinem Leben bedeutete.

Wir hatten uns wieder auf unsere Stühle gesetzt, und – als wäre nichts vorgefallen – fuhr meine

Begleitung fort, allerlei Pläne zu entwickeln, bei denen ich eine große Rolle spielte, ohne daß ich nach meiner Meinung gefragt wurde. Sie würde mir Ungarn zeigen, die Zeit um Ostern wäre dafür sehr geeignet, danach könnte Prag eine Reise wert sein, wenn ich es nicht interessanter fände, ein paar Tage in Wien zu verbringen, obwohl für Wien wahrscheinlich eher der Winter in Frage komme, da dann die Musik- und Theatersaison voll auszuschöpfen sei. An den Wochenenden würde sie Zeit haben, mein Land kennenzulernen. Schon lange hätte sie den Wunsch gehabt, endlich einmal die niederländische Malerei des 17. Jahrhunderts gründlich zu studieren.

Bei jedem neuen Plan wurden meine Wochenenden, Ferien und freien Tage mehr in Beschlag genommen. Ich fragte mich, wie sie das mit der Tatsache vereinbaren wollte, daß ich mit einer Frau zusammenlebte und, abgesehen davon, auch Zeit für mich selbst benötigte. Aber ich schenkte mir meinen Kommentar und tat so, als stimme ich in allem mit ihr überein. Ich war jetzt sehr müde und hungrig und unterbrach einen Plan, bei dem es um die Hälfte meines Sommerurlaubs ging, mit der Bemerkung, daß ich nach Hause wollte. Sie stimmte augenblicklich zu und sagte, daß wir abends Zeit genug haben würden, um alles zu besprechen. Verzweifelt suchte ich nach einer

Gelegenheit, eine Fortsetzung des Gesprächs so lange wie möglich hinauszuschieben. Ich erinnerte mich auf einmal an den angekündigten Heimatabend und faßte den Beschluß, auf jeden Fall dorthin zu gehen, mit oder ohne meine Begleitung, wobei mir letzteres angenehmer schien.

Erst als wir im Hotel angekommen waren und die Treppe hinaufgingen, teilte ich ihr meinen Entschluß mit. Im Zwischenstock neben dem Gummibaum drehte sie sich abrupt nach mir um und sagte mit entrüsteter Stimme, daß sie nicht daran denke, zu so einer billigen touristischen Veranstaltung zu gehen, und ob ich wohl spinne, meine Zeit mit solchen Dingen zu verschwenden. Aber ich schaute sie nur unbeeindruckt an und sagte, ich sei fest entschlossen. Ohne ein Wort zu sagen, lief sie weiter und war bereits in ihrem Zimmer verschwunden, bevor ich meine Zimmertür hätte öffnen können. Ich schlüpfte in einen schwarzseidenen Anzug, den ich zuvor noch kurz aufbügelte, frisierte mein Haar mit dem Fön und beschloß, gleich hinunterzugehen, um der Eigentümerin des Hotels mitzuteilen, daß ich heute abend à la carte zu speisen wünschte. Das Tagesmenü ließ ich links liegen. Beim Abschließen des Zimmers machte ich absichtlich so viel Lärm, daß mich meine Begleitung auf meinem Gang zum Speisesaal nicht überhören konnte. Und tatsächlich, kaum hatte ich meine Wahl aus der Speisekarte getroffen und das erste Glas Bier getrunken, nahm sie mir gegenüber Platz. Auch sie hatte sich deutlich fürs Ausgehen zurechtgemacht. »Auf zum Heimatabend«, sagte sie lachend, als sie meinen musternden Blick sah. Ich war erleichtert, daß die Spannung gewichen war, und ließ mir den bestellten Räucherlachs und das saftige Rumpsteak gut schmecken. Nachsichtig lächelte ich dem Hackbraten zu, der meiner Begleitung nach einer dünnen Bouillon serviert wurde.

Der große Saal der Gastwirtschaft, in der wir den vorigen Abend verbracht hatten, war mit festlich gekleideten Menschen gut gefüllt. Man saß an langen Tischen, die in der Längsrichtung des Saales aufgestellt waren, und zwischen den daran sitzenden Paaren und Familien standen auf weißen Tischtüchern überall grüne Weinflaschen; Biertrinker waren die Ausnahme. Am Ende einer der Tischreihen fanden wir noch zwei freie Stühle, auf denen wir einander gegenüber Platz nahmen. Ich bestellte eine Flasche Spätlese aus einem Anbaugebiet, das ich gut kannte, und bedauerte es nicht, daß meine Begleitung sich für Johannisbeersaft entschied; die Flasche würde ich schon alleine schaffen. Auf einem Podium am Ende des Saales spielte ein kleines Orchester bekannte Melodien aus verschiedenen Regionen der deutschsprachigen Länder, in denen abwechselnd die Augen der Frauen am Rhein, das Münchner Bier, das Wiener Blut und die Schweizer Alpen gerühmt wurden. In die Runde sehend, erkannte ich einige Männer wieder, die am vorigen Abend an der Theke herumgestanden hatten. Sie waren in Begleitung ihrer Frauen und machten vielleicht dadurch einen biedereren Eindruck als inmitten ihrer Kumpel. Nur der Mann im blauen Pullover, der uns einen ausgegeben hatte, schien allein zu sein. Über dem dunkelblauen Pullover trug er jetzt eine weiße Jacke, und er war in ein lebhaftes Gespräch mit dem Wirt verwickelt.

Das Orchester spielte plötzlich einen schnellen Marsch, wie man es vom Beginn einer Zirkusvorstellung kennt, und endete mit einigen Tuschs, mit denen die Gäste gezwungen werden sollten, die Aufmerksamkeit auf die Bühne zu richten. Hinter einem Mikrophon stand ein Mann im Trachtenanzug, der in gut verständlichem Dialekt das Programm ankündigte. Schlesische und bayerische Tanzgruppen, unverfälschte Kölner Büttenredner, österreichische Schuhplattlerbuben, Schweizer Jodler und Volksliedsänger aus dem Elsaß und Südtirol würden für viel Vergnügen und Abwechslung sorgen, zwischendrin sei eine Pause, und ab etwa zehn Uhr gäbe es Tanz. Lauter Beifall und

Tuschs des Orchesters rundeten die Ankündigung eines jeden Teils ab. Erstaunlich, wie schnell man so einen Saal in Feststimmung versetzen konnte, die Gäste betrugen sich wie Routiniers, die wußten, was von ihnen verlangt wurde. Der Wirt lachte zufrieden. Sein Abend war nicht mehr kaputtzukriegen. Mit hochgezogenen Augenbrauen sahen meine Begleitung und ich einander an.

Die auftretenden Gruppen hatten sich mit ihren folkloristischen Kostümen viel Mühe gegeben. Vor allem den älteren Frauen und Männern verliehen die taillierten, farbigen Kleider und Boleros, die enganliegenden Kniehosen, die mit Rüschen besetzten Hemden Würde und Stolz. Die jüngeren Männer und Frauen schienen sich aus ihren Trachten nicht so viel zu machen. Es erweckte den Anschein, als könnten ihre Körper die Bürde der Tradition nicht tragen, sie waren ja an die zu nichts verpflichtende Modekleidung der Zeit gewöhnt. Beim Auftritt einer bayrischen Tanzgruppe konnte ich meine Augen nicht von einer vollschlanken, schon etwas älteren Frau im Dirndl abwenden, die sich leicht und schnell bewegte, jedoch ohne die Ungezwungenheit und Leichtfüßigkeit der jungen Mädchen. Ihr fülliger Körper strahlte eine große Natürlichkeit aus, ich konnte sie mir als Bäuerin in einer Umgebung von saftigen Wiesen, schwerer Erde, Obstbäumen und Vieh vorstellen. Oberhalb der weißen Dirndl-Bluse rundeten sich ihre gewölbten Brüste, hochgedrückt vom fest geschnürten Mieder. In die Spalte zwischen den aneinandergepreßten Hügeln vergrub ich meine Augen. Welch eine herrliche, enthüllende Verhüllung bildete diese Stelle. Versprechungen von Körperwärme und weiblichen Gerüchen stiegen daraus empor, die Sehnsucht nach einer mütterlich-erdhaften Umarmung rief dieser Anblick in mir wach. Ursprünglich war es diese Sehnsucht gewesen, die meine Liebe zu Frauen bestimmte, bis sie langsam im Lauf des Erwachsenwerdens andere Formen annahm und das Mutterbild nach und nach verblaßt war. Ich erinnerte mich, daß mir in Andalusien dieselben Gedanken durch den Kopf gingen, als ich die leidenschaftlichen Flamencotänze sah, bei denen Frauen einer Spezies auftraten, die in Nordeuropa anscheinend nicht mehr anzutreffen ist. Übrigens begegnete ich selten einer lesbischen Frau, die meine Begeisterung für solche großen, feurigen, fülligen Frauen teilte. Es schien, als würden sie vor dem, was Weiblichkeit im Grunde bedeutete, die Flucht ergreifen. Das lesbische Modebild, unterstützt von einer oberflächlichen Theoriebildung, hatte den androgynen Typ popularisiert, und das Mißtrauen gegen alles, was bürgerliche Kennzeichen trug, hatte wahrscheinlich ein übriges getan.

In der Pause hielt ich nach der Dirndl-Frau Ausschau, aber ich sah sie erst beim zweiten Auftritt ihrer Gruppe am Ende des Programms wieder. Ich machte meine Begleitung auf sie aufmerksam, doch auch sie schien meine Begeisterung nicht zu begreifen. Sie zuckte die Achseln und sagte, so eine Frau sei natürlich ausgesprochen hetero, was ich keineswegs bezweifelte, jedoch eine völlig irrelevante Bemerkung fand.

Nachdem sich alle Gruppen und Teilnehmer noch einmal in einem wirbelnden Abschiedsauftritt auf der Bühne gezeigt hatten, schufen einige Männer in einer perfekten Regie Platz zum Tanzen. Tische wurden an die Wände gerückt, eine Falttür, die einen kleinen Nebensaal abgetrennt hatte, wurde ineinandergeschoben; wiederum handelten alle Anwesenden, als hätten sie zuvor Instruktionen über den Ablauf bekommen, und innerhalb kurzer Zeit saß jeder wieder hinter seinem Weinglas und glitten die ersten Paare über die Tanzfläche. Das Orchester hatte sein Repertoire geändert und spielte Quicksteps und Foxtrotts aus den fünfziger Jahren, die von Wiener Walzern abgewechselt wurden, welche sich großer Beliebtheit erfreuten. Es schien ganz normal zu sein, daß bei den Walzern auch Frauen miteinander tanzten, während das bei anderen Tänzen nicht so war. Es waren immer Frauen, die sich kannten oder am selben Tisch saßen. Unter den billigenden Blicken ihrer Ehemänner standen sie lachend auf und trotzten – beide Arme umeinandergeschlungen – den zentrifugalen Kräften, die von den schnellen Drehungen ausgelöst wurden. Mir war klar, daß es in dieser Gesellschaft absurd wäre, einfach eine Frau zum Tanz aufzufordern, und die Chance, mit der bayerischen Frau tanzen zu können, falls sie überhaupt noch da war, mußte ich mir aus dem Kopf schlagen.

Plötzlich entdeckte ich unter den herumwirbelnden Paaren das Zimmermädchen mit ihrer Freundin. Sie tanzten sehr stilvoll und schienen perfekt aufeinander abgestimmt zu sein. Doch kaum hatte ich die erfreuliche Entdeckung zur Kenntnis genommen, als sich der Mann im blauen Pullover zwischen die Tanzenden und mich schob und eine einladende Verbeugung machte. Ich warf meiner Begleitung einen kurzen Blick zu und folgte dem Mann zur Tanzfläche. Dort wiederholte er seine Verbeugung, nickte mir noch einmal zu, legte seinen Arm um meine Taille, nahm meine rechte Hand locker in seine linke und tanzte mit mir davon. Es war vom ersten Augenblick an eine äußerst vergnügliche Empfindung. Obwohl ich mich selbst nur für eine mittelmäßige Tänzerin hielt, war ich plötzlich in einer Situation, in der ich mich in einem unerwarteten Gleichgewicht befand. Meine Füße setzte ich fast schwerelos nieder, und im Rücken und den Schultern spürte ich genau die gebogene Linie, die ich bei guten Tänzern bewunderte. Der Mann war ein Talent. Offensichtlich war auch er mit meiner Leistung zufrieden, denn er nickte mir ein paarmal anerkennend zu und sagte am Ende des Tanzes, es wäre ihm ein Vergnügen gewesen und ob ich ihm auch den nächsten Tanz gönnen würde. Gern stimmte ich zu. In den intellektuellen Kreisen, in denen ich häufig verkehrte, waren die Männer zwar sympathisch und zuvorkommend, aber vom Tanzen hatten sie keine Ahnung; anscheinend hatte die Anstrengung, sich von ihrem Macho-Benehmen zu distanzieren, sie von ihrem Körper entfremdet und ihre Dynamik angegriffen. Mit Frauen tanzte ich gern und oft, aber da waren Quickstep und Foxtrott, vom Walzer ganz zu schweigen, verpönt und wurden als ein Relikt einer lang vergangenen bürgerlichen Welt betrachtet.

Nach zwei Tänzen war eine Pause, und der Mann, der sich mir mit Vor- und Zunamen vorgestellt hatte, brachte mich an meinen Platz. Begeistert erzählte ich meiner Begleitung meine Erfahrung und fragte sie, ob sie gesehen hätte, wie virtuos der Mann mich geführt habe. Ein mißbilligendes Lächeln zeigte sich auf ihrem Gesicht, und sie sagte, ich hätte tatsächlich den Eindruck totaler

Hingabe erweckt. Unser Tanzen hätte sogar die Aufmerksamkeit einiger Zuschauer erregt, und sie irre sich doch nicht, fügte sie hinzu, daß ich nicht die Absicht hätte, den Ball vorzeitig zu verlassen. Sie war zweifellos eifersüchtig, aber dafür fühlte ich mich nicht verantwortlich, und als der blaue Pullover mich bei den ersten Takten der Musik erneut aufforderte, stand ich auf, ohne meiner Begleitung etwas zu sagen. Ich tanzte einen Foxtrott, wobei mich mein Partner allerlei komplizierte Schritte tun ließ, die ich noch nie ausgeführt hatte, die mir aber mit Leichtigkeit gelangen. Als der Tanz zu Ende war, warteten wir schweigend auf die nächste Nummer, das Orchester spielte nun eine ganze Serie hintereinander, in den kurzen Pausen dazwischen sah ich zu meiner Begleitung hinüber. Sie war in ein Gespräch mit ihrer Tischnachbarin vertieft und schien sich zu amüsieren. Als erneut ein Wiener Walzer gespielt wurde, tanzte ich ein paar Takte neben dem Zimmermädchen und ihrer Freundin. Der Zufall koordinierte unsere Drehungen so, daß wir uns ein paarmal über die Schulter unserer Partner hinweg zulachen konnten. Am Schluß des Tanzes sah ich, wie sie an einem Tisch im Nebensaal Platz nahm, und ich nahm mir vor, sie dort aufzusuchen.

Als ich wieder an meinen Tisch zurückkam, war meine Begleitung weg. Zuerst vermutete ich, sie wäre zur Toilette gegangen, aber die Frau, mit der sie sich unterhalten hatte, beugte sich zu mir und teilte mir mit, daß meine Freundin nach Hause gegangen sei und mich grüßen ließe. Sicher sei sie müde gewesen, fügte sie ungefragt als Entschuldigung hinzu. Ich war nicht überrascht, mehr oder weniger hatte ich es darauf ankommen lassen, und mir wurde bewußt, daß ich in ihrem Fall wahrscheinlich nicht anders gehandelt hätte. Schließlich war sie mir soweit entgegengekommen, daß sie, wenn auch widerwillig, mit mir zu diesem Heimatabend ging und sogar noch einem Teil des Balles beiwohnte, wozu ich sie nach den Programmdarbietungen mit Mühe überreden konnte. Aber daß sie die Pause nicht abgewartet hatte, um mir persönlich zu sagen, daß sie ins Hotel gehen wolle, zeugte meiner Meinung nach von Bösartigkeit, und ich fragte mich, wie das alles wieder ins rechte Lot gebracht werden könnte.

Ich schenkte mir den letzten Rest Spätlese ein, verabschiedete mich von der mir gegenübersitzenden Frau und schlängelte mich mit dem Glas in der Hand zwischen den Tischen und Menschen durch in den Nebensaal. Das Zimmermädchen saß neben ihrer Freundin in der Mitte einer langen Bank. Als ich sie fragte, ob ich mich neben sie setzen dürfe, rückten die anderen Gäste etwas zusammen, so daß für mich Platz war. Ich erklärte, daß meine

Freundin müde geworden und deshalb nach Hause gegangen sei und daß ich mich gern mit ihr unterhalten würde. Sie stellte mich ihrer Freundin vor und nannte auf meine Bitte hin auch ihren eigenen Namen. Als ich sie anblickte, was ich mit gewisser Eindringlichkeit tat, um den Ausdruck ihrer dunklen Augen aufnehmen zu können, wandte sie ihren Blick auf eine Weise ab, die eine Mischung aus Verlegenheit und Reserviertheit ausdrückte. Auf der dunklen Haut ihrer Wangen zeigten sich Rötungen, gegen die das Muttermal sich fast schwarz abhob. Während wir unsere Meinungen über den Abend und die Darbietungen austauschten, fing das Orchester wieder zu spielen an. Die Freundin wurde von einem jungen Mann zum Tanz aufgefordert, ich blieb mit dem Zimmermädchen alleine zurück. Ich konnte den Blick nicht von ihrem Gesicht abwenden und versuchte, das Gespräch in Gang zu halten, und erkundigte mich nach ihrer Arbeit. Sie erzählte, daß sie an der Hotelfachschule in Lausanne studiere. Die Besitzerin unseres Hotels sei ihre Tante, und sie helfe für ein paar Wochen aus, da eines der Mädchen krank geworden sei. Zwar hätte sie schon mehr praktische Erfahrung gesammelt, als für diese Arbeit nötig war, denn ihre Eltern besäßen ein renommiertes Hotel am Bodensee, wo sie das Fach spielend erlernt habe, aber die Arbeit mache ihr

Spaß, und sie verdiene auf eine nützliche Weise ihr Urlaubsgeld. Ihre Freundin wohne im Dorf, und sie kenne sie schon seit der Zeit, als sie als Kind die Ferien bei ihrer Tante verbracht habe. Während ich ihr zuhörte, studierte ich sie aufmerksam. Genau wie am vorigen Abend faszinierte mich die Selbstsicherheit und Intelligenz des Mädchens und wurde ich mir zunehmend ihrer körperlichen Anwesenheit bewußt. Der Brennpunkt war das Muttermal; ich stellte mir immer häufiger vor, es zu küssen, eine Vorstellung, die mich leicht erregte. Auf einer diffuseren Gedankenebene hatte das Küssen dieser Stelle übrigens schon ganz andere Dimensionen angenommen, und ich realisierte mir, daß ich das Mädchen verführen wollte. In dem Augenblick, als dieser Gedanke für mich konkret wurde, brach mir der Schweiß aus, und ich merkte, als ich ihr erneut eine Frage stellte, daß meine Stimme heiser und unsicher klang. Was spielte sich jetzt wieder in mir ab, daß mich diese Sehnsucht so heftig ergriff, woher kam das Bedürfnis, mit so einem jungen Mädchen ins Bett zu gehen, da ich nie auf so junge, unerfahrene Mädchen fiel, sondern vielmehr auf erwachsene, reife Frauen? Ich unternahm einen letzten Versuch, jede erotische Phantasie mit diesem Mädchen aus meinem Kopf zu bannen, aber es gelang nicht. Etwas, das mich wie ein Schauder ergriff, trieb mich vorwärts, und in einer plötzlichen Nüchternheit legte ich blitzschnell meine Eroberungsstrategie fest. Als wieder ein Walzer einsetzte, fragte ich sie, ob sie mit mir tanzen wolle. Sie nickte überrascht und ging mir zur Tanzfläche voraus. Ich sagte, daß ich mich von ihr führen lassen wollte, und obwohl sie etwas kleiner war als ich, tat sie das sehr geschickt. Unter meiner Hand, die ich ab und zu ein wenig verschob, spürte ich ihre zarten Schultern und ihren Rücken, unsere Körper berührten einander leicht, und obwohl ich mich auf den Tanz konzentrieren mußte, um nicht aus dem Takt zu geraten, versuchte ich, sie behutsam etwas näher an mich zu ziehen. Als ich dabei ihre Augen suchte, sah ich, daß sich das Rot auf ihren Wangen vertieft hatte. Sie vermied es, mich anzusehen, und führte mich in wechselnden Rechts- und Linksdrehungen am Rand der Tanzfläche entlang. Ziemlich schwindelig blieben wir, als die Musik aufhörte, für einen Augenblick mit umeinandergeschlungenen Armen stehen. Ich drückte leicht ihre Schulter und sagte, daß es sehr angenehm gewesen sei.

Auf dem Weg in den Nebensaal sah ich, daß sie nach ihrer Freundin Ausschau hielt, die am Ausgang des Saales stand und mit einer Gruppe von jungen Leuten redete. Das Zimmermädchen entschuldigte sich und gesellte sich zu ihnen. Von meinem Platz im Nebenzimmer aus konnte ich sie nicht sehen, aber schon bald saß sie wieder neben mir und sagte, daß ihre Freundin vorgeschlagen hätte, anschließend noch in einen Nachtklub zu gehen, der etwa eine halbe Stunde Autofahrt nördlich von hier in einer größeren Ortschaft wäre, daß sie aber beschlossen hätte, nicht mitzugehen. Es würde sicher sehr spät werden, und am nächsten Morgen müsse sie um sieben Uhr wieder mit der Arbeit beginnen. Sie schien enttäuscht und zerstreut, und ich versuchte, sie etwas aufzuheitern. Ich sagte ihr, sie solle ruhig mitgehen, ich würde am Morgen das Frühstück servieren, natürlich nicht, ohne ihr Schürzchen umgebunden zu haben. Sie lachte und widmete sich wieder mir. Ich bestellte noch zwei Gläser Wein und hoffte, daß die verschiedenen Traubensorten meinen Magen nicht zu sehr strapazieren würden. Das Orchester setzte nun mit einem Slowfox ein, und ich fragte sie, ob es die Anwesenden schockieren würde, wenn wir etwas anderes als Walzer zusammen tanzten. Sie zögerte kurz und sagte dann, es sei ihr gleichgültig, was das Dorf von ihr denke, aber sie machte keine Anstalten, aufzustehen. Ich fragte mich, ob ich nicht zu weit ging und sie einschüchterte, doch ich konnte es nicht lassen, sie einladend anzublicken. Sie schlug die Augen nieder und schwieg lange Zeit. Dann sah sie mich mit einem von Anspannung verzerrten Gesicht an und fragte, ob ich nicht lieber ins Hotel gehen würde, wo meine Freundin auf mich wartete.

Ich war auf einmal sehr verlegen und murmelte, daß meine Begleitung müde gewesen sei und bestimmt schon schliefe. Wieder starrte sie lange auf die Tischplatte, erhob sich dann abrupt und sagte: »Tanzen wir.« Leider war der Slowfox gerade vorbei, ein langsamer Walzer setzte ein, den auch andere Frauenpaare tanzten. Diesmal führte ich, aber ich war so befangen von der Suggestion, die von den Worten des Mädchens ausgegangen war, daß ich jede nicht unbedingt notwendige körperliche Annäherung vermied. Erst beim nächsten Tanz, der auf einem Rock-and-Roll-Rhythmus basierte, wurden wir freier und führten mit großem Vergnügen komplizierte Figuren aus. Nach Beendigung des Tanzes waren wir erhitzt und kehrten kichernd an unsere Plätze zurück. Von einigen Leuten in unserer Umgebung fing ich musternde Blicke auf, doch man schien unser Verhalten ohne große Mühe zu akzeptieren.

Wir waren so eng auf der Bank zusammengerückt, daß sich unsere Arme fortwährend berührten. Es war offensichtlich, daß sie nicht versuchte, diese Berührung zu vermeiden, und als ich fast unmerklich noch näher an sie heranrückte, daß auch unsere Knie ab und zu Kontakt bekamen, veränderte sie ihre Position nicht. Ich merkte, daß sie meine Signale aufgefangen und akzeptiert hatte.

Das Fest neigte sich dem Ende zu, in den Tischreihen hatten sich Lücken gebildet, Bestellungen wurden nicht mehr angenommen. Ich fragte das Mädchen, ob sie bis zum Ende bleiben oder schon nach Hause gehen wolle, aber sie konnte sich nicht entscheiden und blieb sitzen. Bei einer vorbeigehenden Serviererin erkundigte ich mich, ob ich Kaffee bekommen könnte, doch sie machte eine bedenkliche Miene und meinte, sie müsse den Chef fragen, es dürfte nicht ganz leicht sein. Ich fragte das Mädchen, ob es sonst irgendwo im Dorf eine Gelegenheit gäbe, wo man einen Espresso oder wenigstens einen gewöhnlichen Kaffee trinken könne, aber sie schüttelte den Kopf. Alles wäre geschlossen, aber wenn ich wollte, könnte sie im Hotel Kaffee für mich machen. Ich akzeptierte das Angebot sofort, winkte der Serviererin, um zu bezahlen, und wir standen auf. Beim Weggehen merkte ich, daß das Mädchen im Saal umherblickte, sie suchte sicher ihre Freundin und die jungen Leute, doch die waren anscheinend gegangen. In der Garderobe dauerte es eine Weile, bis wir unsere Mäntel fanden, ich stieß wieder auf meinen Tanzpartner im blauen Pullover, der mir lange die Hand schüttelte und sagte, daß ich eine ideale Tanzpartnerin gewesen sei und daß es ihm leid täte, daß ich in einer Woche nicht mehr hier sei, denn da würde in einer anderen Gaststätte ein Ball organisiert werden.

Erhitzt, wie wir waren, zogen das Mädchen und ich unsere Mäntel nicht an, sondern nahmen sie, über den Arm gelegt, mit ins Freie. Die frische Luft tat gut. Als ich zum Firmament blickte, sah ich, daß die Wolkendecke aufgebrochen war. Hier und dort funkelten Sterne zwischen den Wolken hervor, es war deutlich ein Wetterumschlag im Anzug. Der Wind schien sich gelegt zu haben, doch als wir den Schutz der Gaststätte verließen, war er noch so heftig, daß wir fröstelnd unsere Mäntel anzogen.

Wir waren beim Hotel angekommen und gingen am Haupteingang vorbei zu einer Hintertür an der Rückseite, die das Mädchen aufschloß und die direkt in die Küche führte. Das Neonlicht, das sie anmachte, verlieh dem Raum eine ungemütliche Stimmung. Zwischen den großen Kesseln und Pfannen, den Borden mit Schaumkellen, riesigen Schöpflöffeln und Sieben konnte ich mir eine Eroberung schwerlich vorstellen; und ich bedauerte, daß ich mich so mir nichts dir nichts von meiner Lust auf Kaffee hatte leiten lassen. Das Mädchen fing sofort an einen blinkenden Apparat zu betätigen, von dem ich mir nur vorstellen konnte, daß er ausschließlich literweise Kaffee produzierte.

Ich ging um den blitzsauberen Herd herum und war am Ende meines Lateins. Der Übergang von der erotisierenden körperlichen Nähe am Tisch in der Gaststätte zu diesem fast sterilen Raum war so groß, daß die Spannung zwischen uns gewichen war. Wie konnte ich sie nur ohne allzu forcierte Aktionen wieder zustandebringen?

Das Mädchen drehte sich zu mir um. »Wollen Sie den Kaffee hier trinken oder in Ihrem Zimmer?« fragte sie. Das war die Lösung. Ich schlug vor, daß ich schon hinaufginge und sie mir den Kaffee bringen solle. Und ob es sich nicht einrichten ließe, noch etwas dabei zu trinken, fragte ich, Cognac, Calvados oder irgend etwas, das sie selbst gern trinke? Sie dachte nach. Die Bar oben sei abgeschlossen, sagte sie, aber ... Sie öffnete einen Wandschrank und holte eine fast volle Flasche Drambuie heraus. Das Zeug werde zur Zubereitung bestimmter Gerichte verwendet, sagte sie, sie würde die Flasche mitbringen. Passende Gläser könne ich allerdings nicht erwarten, lachte sie, aber aus Wassergläsern würde es bestimmt auch schmecken.

Ich paßte auf, daß ich nicht zuviel Lärm machte, und schloß meine Zimmertür auf. Indem ich mich tief bückte, versuchte ich herauszufinden, ob unter der Tür meiner Begleitung Licht zu sehen war, es war jedoch alles dunkel. In meinem Zimmer räumte ich schnell die Kleidungsstücke in den Schrank, die ich mittags unordentlich um mich verstreut hatte, und sorgte für gedämpftes Licht. Ich war nervös. Ich zögerte, ob ich mich ausziehen und das Mädchen im Morgenrock erwarten sollte, aber ich entschied mich, es nicht zu tun. Sie durfte nicht in Verlegenheit gebracht werden, und es war ja nicht abzusehen, ob mein Verführungsversuch gelingen würde, obwohl es dem Mädchen ganz offensichtlich an Eigeninitiative nicht mangelte. Im Badezimmer erfrischte ich mich, ich sah im Spiegel, daß mein Gesicht glühte und in meinen Augen ein Schimmer verwirrter Verlegenheit lag. Den Nachttisch neben dem Bett schob ich ein wenig vor, damit das Mädchen dort das Kaffeegeschirr hinstellen konnte; ich stellte mir vor, daß wir nebeneinander auf dem Rand des Bettes sitzen würden.

Ich hörte ein leises Klopfen. Ich stand auf, um dem Mädchen zu helfen; sicher hätte sie beide Hände voll, aber als ich die Tür lachend mit einer einladenden Geste weit öffnete, blickte ich meiner Begleitung ins Gesicht. Ihre Zimmertür stand halb offen, ein schwaches Licht fiel heraus, so daß ich sie im spärlich erleuchteten Gang zunächst nur schemenhaft wahrnehmen konnte. Während ich sie in äußerster Verwirrung anstarrte, wurden ihre

Gesichtszüge immer deutlicher. Sie hatte die Brille auf, stellte ich erleichtert fest, und ihre Augen blickten mich kühl und ablehnend an. Sie trug einen weißen Pyjama und schien barfüßig noch kleiner als sonst. Sie sagte nichts, sah mich nur an, und in meinem Kopf bildeten sich Wörter und Sätze, die alle unbrauchbar waren: die unerwartete Situation verschlug mir die Sprache. Meine Begleitung machte eine Bewegung, als wolle sie in mein Zimmer eintreten, aber ich blieb auf der Schwelle stehen und zog die Tür halb zu. "I want to talk to you", sagte sie und machte wiederum eine schwache Bewegung nach vorn. "Not now", erwiderte ich, "I want to sleep." Wieder machte sie einen Schritt vorwärts. Sie stand nun so nahe vor mir, daß ich ihren Körpergeruch wahrnahm. Sie blickte mich unverwandt an, in ihren Augen war ein Funkeln, das mich aufhorchen ließ. Dann holte sie in einer schnellen Bewegung aus und schlug mir ins Gesicht. Es war ein trockener, harter Schlag auf meine rechte Wange, der einen starken, kurzen Schmerz verursachte. Einen Augenblick wandte ich den Kopf ab, drehte ihr mein Gesicht wieder zu und versuchte, sie ausdruckslos anzuschauen. Ich empfand ein Gefühl der Erleichterung, es war, als hätte diese Ohrfeige etwas ausgeglichen und mich dadurch befreit, doch was ausgeglichen und wovon ich befreit war, blieb mir undeutlich.

Meine Begleitung trat einen Schritt zurück und wollte anscheinend etwas sagen. In diesem Moment wandten wir wegen eines leise klirrenden Geräusches, das vom Ende des Ganges kam, die Gesichter voneinander ab. Mit einem vollbeladenen Tablett, auf dem Tassen, Gläser, eine Kaffeekanne, eine Flasche, ein Teller mit belegten Broten und eine kleine Blumenvase mit blauen Blümchen standen, kam das Zimmermädchen die Treppe herauf.

Erst als sie die letzte Stufe erreicht hatte, blickte sie auf und blieb stehen. Abwechselnd starrte sie meine Begleitung und mich an, richtete den Blick zwischendurch auf das Tablett, sah mich wieder an, bückte sich, stellte das Tablett mitten auf den roten Läufer, drehte sich um und rannte die Treppe hinunter. Bestürzt suchte ich den Blick meiner Begleitung, doch die starrte nachdenklich in Richtung Treppe, danach auf das Tablett, sah schließlich an mir vorbei in mein spärlich beleuchtetes Zimmer, zögerte, holte tief Luft, sagte in fast sachlichem Ton: »Also, viel Vergnügen«, drehte sich um und verschwand in ihrem Zimmer. Ich hörte, wie sie den Schlüssel nachdrücklich umdrehte.

Zeit zum Nachdenken hatte ich nicht; ich setzte mich in Bewegung, ging rasch auf das Tablett zu, hob es auf, brachte es in mein Zimmer, ging wieder auf den Gang, machte die Tür hinter mir zu und suchte das Mädchen.

Es war nicht schwer, sie zu finden. Sie saß in der Küche auf einem Schemel an einem langen Holztisch und hatte den Kopf auf die Arme gestützt. Ich ging auf sie zu und legte meine Hand auf ihre Schulter. Sie weinte nicht, ihre Augen starrten auf eine weißgekachelte Wand, sie atmete schwer. Ich streichelte sanft ihre Schultern, ich wußte nicht, was ich sagen sollte, und versuchte meine Gedanken zu ordnen. Nach einer Weile nahm das Mädchen meine Hand und lehnte ihre Wange an meine Handfläche. Es war eine traurige und zugleich sehr zärtliche Geste, und eine Welle der Rührung ergriff mich. Ich hockte mich neben sie, so daß unsere Gesichter auf gleicher Höhe waren, und schaute sie an. Sie sah müde und betrübt aus. »Es tut mir leid« war das einzige, was ich hervorbringen konnte, und ganz vorsichtig strich ich ihr mit meiner freien Hand das dunkle Haar aus der Stirn und fuhr mit dem Zeigefinger über ihre dichten, dunklen Brauen. Sie seufzte. »Was wollen Sie von mir?« fragte sie beinahe unhörbar.

Ich dachte nach. Nach diesem Vorfall konnte ich die Frage nicht mehr mit der lockeren Selbstsicherheit beantworten, die vor einer halben Stunde noch nahegelegen wäre. Ich hatte sie küssen, mit ihr schlafen, vielleicht auch nur neben ihr liegen und ihren schlanken, an mich geschmiegten Körper zärtlich streicheln wollen. Möglicherweise hätte mich ihre jugendliche Unerfahrenheit davor zurückgehalten, weiterzugehen; der eher Versprechungen als Erfüllungen beinhaltende Anfang hätte mir genügen können. Jetzt schien dieser Weg versperrt zu sein, das Mädchen rief mich zur Verantwortung, die Dinge mußten benannt werden, bevor sie entstanden waren.

Ich löste mich vorsichtig von ihr, nahm einen Schemel und setzte mich neben sie an den Tisch. »Hör zu«, sagte ich. Sie richtete sich auf und sah mich mit einem müden Lächeln an. »Ich höre«, erwiderte sie. Dann fing ich zu reden an. Während ich mit dem rechten Zeigefinger die Maserungen der blankgescheuerten Tischplatte nachzog, erzählte ich ihr von der Liebe. Ich sagte, daß ich an diesem Abend in ihr die Sehnsucht nach Liebe entdeckt hätte, nicht nach deren üblicher Form, sondern nach der Liebe einer Frau. Ich setzte ihr auseinander, daß es in der ganzen Welt Tausende, Millionen von Frauen gab, die sich liebten, daß Frauen dies immer getan hatten, durch die Jahrhunderte, in allen Kulturen, aber daß es immer ein Geheimnis geblieben war, etwas, das nicht ausposaunt wurde und das dadurch nicht in den Chroniken, den Zeitungen, den Geschichtsbüchern aufgezeichnet war. Aber es war da, immer und überall. Sporadisch waren Beweise zu finden, es gab durchaus Frauen, die das Geheimnis offenbart hatten, Künstlerinnen, berühmte Frauen aus der Vergangenheit und der Gegenwart, die eine Form gefunden hatten, in der sie das Geheimnis mitteilen konnten, ohne es zu profanisieren; die das Wunder gerade dadurch, daß sie es beschrieben, vergrößerten. Solche Frauen genossen Achtung, sagte ich, wer durch sie das Geheimnis kennengelernt hatte oder durch ihre Worte und Äußerungen bereichert worden war, trug diese Frauen auf Händen. Alle diese Frauen, die sich liebten, kannten die Namen, sie wurden mit Ehrfurcht ausgesprochen. Da sich diese Liebe immer im Verborgenen abgespielt hatte, war sie vor der Pervertierung bewahrt geblieben, welche der Liebe zwischen Männern und Frauen widerfahren war. Denn die war, jahrhundertelang von allen machtgierigen Instanzen mißbraucht, zu einem Instrument der Mächtigen geworden. In der Weltliteratur konnte man lesen, wie sich das abgespielt hatte. Jede Form, in der sich die Liebe geäußert hatte, sei durch den Mißbrauch, der irgendwann mit dieser Form getrieben worden sei, unfrei. Wie könne man die Kopulation als etwas Eigenes empfinden im Bewußtsein, daß dieser Akt von den größten Mördern der Weltgeschichte genauso vollzogen worden sei?

Die Liebe zwischen Frauen, sagte ich, sei frei. Wenn Frauen sich liebten, gäbe es keine Schranken. Es gäbe keine festgelegten Muster, keine von Pseudotherapeuten empfohlenen Stadien des Vor- und Nachspiels mit dazwischen der zum Fetisch erhobenen eigentlichen Tat, keine Einteilung in angeblich normale und angeblich perverse Handlungen, keinen Unterschied in der Leistung der Partnerinnen. Jedes Frauenpaar suche sich selbst die passenden Formen; wer welche Rolle einnehmen oder zugeteilt bekommen würde, sei nie von vornherein festgelegt. Es sei ein immerwährendes Suchen und Probieren, die körperlichen Wonnen, die Frauen miteinander erlebten, gäben Paaren die Kraft, stets wach und offen zu sein. Paare, die sich gerade gefunden hätten, trügen das Geheimnis ihrer Nächte wie eine leuchtende Bürde mit sich herum. Wenn man einen Blick dafür hätte, könne man sie zuweilen auf der Straße erkennen, sie gingen, als seien sie von einem Lichtkokon umhüllt.

Aber, sagte ich, weil das seit undenkbaren Zeiten bewahrte Geheimnis solche enormen Kräfte in sich berge, seien für diejenigen, die es teilten, große Gefahren damit verbunden. So lebendig und glückbringend die Liebe zwischen Frauen sein könne, so destruktiv seien die Kräfte, die frei würden, wenn etwas schiefginge. Fast alle Frauen, die das geheimnisvolle Gebiet betreten hätten, hätten auch erleben müssen, wie schmerzlich die Trennung von der Geliebten sei. Denn es gelinge kaum einer, im Leben mit nur einer einzigen Partnerin auszukommen. Der Grund dafür sei, daß Frauen, die diese Liebe suchten, eigentlich frei sein wollten. Sie suchten die Freiheit, die sie erotisch und gesellschaftlich mit einem Mann nicht würden finden können. Aber leider passiere es immer wieder, daß Frauenpaare im Laufe der Zeit die gemeinsam erworbene Freiheit allmählich einengten. Immer wieder zeige es sich, daß Frauenpaare in ihren Beziehungen Gewohnheiten und Verhaltensmuster entwickelten, ihr erotisches und gesellschaftliches Leben in ein Korsett zwängen und eines Tages zu ihrem Entsetzen einsehen müßten, daß alles festgelegt sei, daß sie stehengeblieben seien, daß ihre einst so jauchzend begonnene Liebe verkümmert sei wie ein Baum, der keine Frucht mehr hervorbringen könne. Dann beginne der schmerzhafte Prozeß der Trennung. Keine Frau wolle sich eingestehen, mit dem kostbarsten Gut auf Erden unachtsam umgegangen zu sein. Daß Liebe und Freiheit vergeudet, daß die Geliebte, die einem einst in einem goldenen Licht erschienen war, jetzt hinter einem grauen Nebel der Mißverständnisse nur noch als ein Schemen sichtbar war, dies alles einzusehen und zu erkennen sei im Lichte dessen, was ursprünglich da war, so schmerzlich und beschämend, daß manch eine Frau nicht darüber hinwegkäme. War eine Liebe zerbrochen, so geriet die Welt aus den Fugen. Für viele sei es danach nicht mehr möglich, noch einmal mit der gleichen Kraft eine andere Frau zu lieben, das Mißtrauen gegen die eigene Fähigkeit, Freiheit zu gewähren und zu erhalten, und gegen die Fähigkeit der anderen, das gleiche zu tun, sei dann so groß, daß jede folgende Beziehung nur ein schwaches Abbild der großen Liebe sein könne. Deshalb gäbe es im geheimnisvollen Terrain der Frauenliebe viel Leid und Unglück, nicht weniger als in der Hetero-Liebe; es gäbe auch viele Scheinlieben, Notlösungen von Frauen, die einst das katastrophale Ende von etwas Großem erlebt hatten und jetzt zu nichts anderem mehr fähig waren, als mit vielen Tricks ein erträgliches Gleichgewicht zu halten. Andererseits könne es vorkommen, daß eine Frau die große Liebe bereits erlebt und das Leid am Ende für immer in sich versenkt hatte, und dann gab es plötzlich eine andere Frau, und eine große, noch größere Liebe blühte auf. Wenn man den Kummer tief in sich einzog, könne er läuternd wirken, könne er eine Frau von dem grauen Belag, der sich durch die schlechten Erfahrungen über die Gefühle gebreitet hatte, reinigen. Aber jede, sagte ich, die jemals die große Liebe erlebt hätte, sei sie von kurzer oder langer Dauer gewesen, sei ihr eine neue Liebe darauf gefolgt oder nicht, sei davon überzeugt, daß kein Preis zu hoch sei, um eine erfüllte Liebe zu einer Frau zu erleben.

Ich schwieg. Unter dem Nagel meines Zeigefingers hatte sich ein dicker Rand Holzstaub angesammelt, den ich während meines Monologs aus den Ritzen der Tischplatte gekratzt hatte. Ich schaute mich nach einem scharfen Gegenstand um, mit dem ich den Nagel reinigen könnte. Auf einem Regal stand ein großes Glas mit Cocktailspießen, und ich wollte aufstehen, um mir einen herauszunehmen. Doch das Mädchen legte ihre Hand auf meinen Arm und zwang mich, sitzenzubleiben. Nun erzählte sie mir mit niedergeschlagenen Augen ihre Geschichte. Eine Verliebtheit in eine Reitlehrerin, die beängstigende Anziehungskraft dieser Frau auf sie, später ein Urlaub, in dessen Verlauf sie mit einer Gleichaltrigen die Nächte küssend und streichelnd verbracht hatte, sie sei zwar nicht in sie verliebt gewesen, hätte aber doch etwas von dem erlebt, was sie sich eigentlich wünschte; eine heftige Liebe zu einem schönen jungen Mann, mit dem sie ein paarmal geschlafen hatte, ohne sich jedoch richtig wohl dabei gefühlt zu haben. In diesem Sommer hätte sie gemerkt, daß sie in die Jugendfreundin aus dem Dorf verliebt war. Aber es gäbe keine Chance, daß diese Liebe erwidert werden würde, die Freundin interessiere sich nur für Männer, und sie leide sehr unter den heftigen Gefühlen, die sie für diese Frau hege. Am vergangenen Abend wäre sie bis spät in die Nacht bei ihr gewesen und hätte versucht, ihr zu erklären, was sie bewegte, aber die Freundin hätte kaum zugehört und ihr zu verstehen gegeben, daß sie von dieser Art Neigung nichts wissen wollte. Als sie spät abends ins Hotel zurückgekehrt sei, sagte sie errötend, hätte sie meine Freundin nackt aus meinem Zimmer kommen sehen, und die Vorstellung, was sich zwischen uns abgespielt haben könnte, hätte ihr bis in die frühen Morgenstunden den Schlaf geraubt. Den ganzen Tag sei sie müde und unglücklich gewesen, und erst beim Tanzen mit mir wäre dieses Gefühl gewichen. Sie sei froh gewesen, mit jemandem über das, was sie so intensiv beschäftigte, sprechen zu können, und der Schock der Konfrontation mit mir und meiner Begleitung im Gang hätte sie unglaublich verwirrt. Plötzlich blickte sie erschreckt auf: »Ihr Kaffee«, rief sie, »der ist bestimmt kalt geworden.«

Ich stand auf, nahm einen Cocktailspieß aus dem Glas und machte den Fingernagel über einem Spülbecken sauber. Als ich mich umdrehte, stand das Mädchen vor mir und sah mich verlegen an.

Ich trat einen Schritt nach vorn, umarmte sie und legte meine Wange an die ihre. In unmittelbarer Nähe meines Mundwinkels vermutete ich das kleine Muttermal auf ihrer Wange, das ich in Gedanken so oft geküßt hatte. »Darf ich heute nacht bei Ihnen bleiben?« fragte sie. Ich nickte fast unmerklich. »Aber nur wenn du du zu mir sagst«, flüsterte ich ihr ins Ohr. Sie lachte leise und löste sich aus der Umarmung. »Also gehst du mit?« fragte sie und ging zu einem Schaltkasten, in dem sie einige Knöpfe umdrehte. Die Küche war plötzlich in ein Halbdunkel gehüllt.

Sie lag regungslos neben mir, den Kopf an meine Schulter gelehnt, die Augen geschlossen. Ich spürte, wie ihre Brüste und ihr Bauch im Rhythmus ihres Atems meinen Körper berührten und wieder losließen, ich roch den süßen Geruch ihres Haars. Meinen linken Arm hatte ich um sie geschlungen, und meine Hand ruhte auf ihrem schmalen Rücken. Gesagt wurde nicht mehr viel, den Kaffee hatte ich stehengelassen, dafür hatten wir beide ein Sandwich gegessen und ein wenig Drambuie getrunken.

Halb voneinander abgewandt, hatten wir uns schweigend ausgezogen.

Jetzt öffnete sie die Augen und blickte mich an. »Was ist mit deiner Freundin?« fragte sie. Natürlich beschäftigte sie das, ich hatte ihr nichts davon erzählt, und sie wußte ja von der vergangenen Nacht. Ich erklärte, daß die Frau vom gegenüberliegenden Zimmer keine richtige Freundin von mir sei. Ich hätte zwar eine Freundin, aber die sei zu Hause geblieben. Mit der Frau von gegenüber hätte ich eine sogenannte Affäre, die eine Fortsetzung unserer ersten Begegnung vor einiger Zeit in New York sei. Aber ich wüßte nicht so recht, wie ich mich ihr gegenüber verhalten solle, ganz glücklich wäre ich mit der Situation nicht, und die Sache sei ziemlich kompliziert geworden. Sie sei schon eine ganz besondere Frau, aber aus irgendwelchen Gründen könne ich mich bei ihr nicht heimisch fühlen. Ich würde es ihr ein anderes Mal ausführlicher erzählen, wenn sie Wert darauf legte. Sie nickte. Nach einer Weile schlang das Mädchen seinen Arm um mich und drückte sich an mich. Sie atmete tief. Ich spürte, wie ihre Hand meinen Rücken abtastete, wie ein scheues Tier, das ein Versteck sucht. Ich küßte sie sanft auf die Schläfe, glitt mit den Lippen über ihre Augenbrauen und drückte meinen Mund auf die Stelle, wo Nase und Stirn einen delikaten Winkel bildeten. Sie hob ihren Kopf etwas in die Höhe, so daß sich unsere Münder beinahe berührten, ihr Atem strich an meinen Lippen entlang; lange sahen wir uns an, bis wir beide die Augen schlossen und uns küßten.

Von Anfang an lag soviel Zärtlichkeit in diesem Kuß, daß sich in meiner Magengegend ein Feuerball bildete, eine Spannung, die fast unerträglich war. Es war, als hätte ich die jahrelang gehegte Sehnsucht dieses Mädchens nach der Liebe in mich aufgesogen und als würde ich selber in dieser Umarmung die erste verzweifelte Erfüllung erleben. Immer fester drängten sich unsere Münder aneinander, unsere Lippen verschmolzen in der wohligen Wärme ihrer feuchten Innenseite, unsere Zungen streichelten sich; dieser Kuß enthielt für mich alles, was an Wärme und Geborgenheit möglich war.

Das Mädchen richtete sich nach dieser fast schwindelerregenden Berührung auf und zog behutsam das Deckbett beiseite. Sie begann mich zärtlich zu streicheln, und ich merkte an der nervösen Spannung ihrer Hand, wie neu und ungewohnt das für sie sein mußte. Als sie fast heimlich meine Brüste berührte, konnte sie ein leichtes Stöhnen nicht unterdrücken. Ich drehte mich auf den Rücken und legte meine Hand auf die ihre, und so, als führte ich sie auf diese Weise in ein unbekanntes Gebiet, begleitete ich ihre Hand über meinen Körper, ließ ich sie suchen und finden, führte ich sie zu den empfindlichsten Stellen, ließ sie streicheln und verweilen, half ihr über ihre Unsicherheit hinweg, erforschte gemeinsam mit ihr das Terrain, bis ich merkte, daß sie ihre Verlegenheit überwunden hatte und ohne mich den Weg fand, den sie gehen wollte. Danach ließ ich mir bei der Erforschung ihres Körpers von ihr die Hand führen. Manchmal durchfuhr sie ein Schauder, aber als sie meine Hand an ihre Klitoris brachte und mir durch einen fast unmerklichen Druck zu verstehen gab, was sie von mir erwartete, lag sie regungslos da, als lausche sie mit angehaltenem Atem einer fernen, nur von ihr wahrnehmbaren Musik.

Sie holte mich viel später aus einem traumlosen Halbschlaf, indem sie mein Gesicht streichelte. Durch den Vorhangspalt fiel Licht ein, es mußte etwa vier Uhr sein. Ich war sofort hellwach und nahm sie in meine Arme. Wir küßten und streichelten einander, als wären wir nach einer langen Trennung endlich wieder vereint. Ich erzählte ihr, während ich meinen Mund auf das Muttermal ihrer rechten Wange drückte, daß dieser kleine Fleck meine Leidenschaft entflammt hatte, daß alles mit diesem Fleck angefangen habe, daß es der schönste Mutterfleck sei, den ich je gesehen hätte, daß ich, wenn sie am nächsten Tag kein Pflaster darauf kleben würde, sie im Speisesaal vor den Augen aller Gäste umarmen und küssen wollte, daß ich ein Gedicht über dieses Muttermal schreiben würde, daß sie nie zulassen dürfte, daß ein anderer es küßte, weil ich ein ewiges Abonnement darauf hätte. Sie erzählte mir, daß sie durch meine Augen fasziniert worden sei, durch die Art und Weise, wie ich sie beim Frühstück angeschaut hätte, herausfordernd, aber auch ein bißchen verlegen; der Blick hätte sie den ganzen Tag nicht losgelassen. Als wir aneinander vorbeigetanzt waren und uns zugelacht hatten, sei ihr dieser Blick wieder aufgefallen. Sie hätte immer das Gefühl gehabt, als würde etwas in ihr schmelzen.

Aber nun müsse sie gehen, sagte sie. Ihre Tante würde sie morgens immer wecken, deshalb müsse sie leider in ihr Zimmer. Sie sei glücklich, sagte sie, jetzt kenne auch sie das große Geheimnis, sie sei nun eine stolze Eingeweihte und wüßte, daß ihr Leben seit dieser Nacht eine Wende genommen habe. Sie würde irgendwann eine Frau finden, mit der sie all das Kostbare, das sie heute nacht kennengelernt hatte, bis zur Neige werde genießen können. Und den Preis für all das Glück, sagte sie, wobei sie mich fast ängstlich anblickte, den Preis wolle sie bezahlen, sie könne dem nicht mehr aus dem Weg gehen.

Ich sah zu, wie der schmale Körper nach und nach von Kleidungsstücken umhüllt wurde. Als sie in ihrer hellblauen Hose und dem weißen BH am Fußende des Bettes stand und nach der Bluse griff, sprang ich aus dem Bett und ging auf sie zu, um sie noch einmal zu umarmen. Wir flüsterten unsere Namen, als würden wir ein Bündnis schließen. Dann war sie weg. Ich schloß die Tür hinter ihr zu, löschte das Licht und legte mich ins Bett, wo die Wärme noch an unsere beiden Körper erinnerte. Ich hatte etwas sehr Schönes erlebt; wie ein wunschloses Glück wollte ich dieses Erlebnis in mir bewahren.

Ich schreckte aus dem Schlaf auf durch eine aufgeregte Stimme und ein lautes Klopfen; jemand versuchte, meine Zimmertür zu öffnen. Ich taumelte aus dem Bett und wußte einen Augenblick lang nicht, wo ich mich befand. Wieder hörte ich eine Frauenstimme rufen. Das Hotel! Wie spät war es, was bedeutete dieser Lärm? Ich rief irgend etwas und suchte hektisch ein Kleidungsstück, das ich mir überwerfen konnte. Auf dem unbenutzten Bett lag der weiße Morgenrock, den meine Begleitung in der Nacht davor dort hatte liegenlassen. Während das Klopfen und Rufen nicht nachließ, schien es eine Ewigkeit zu dauern, bis ich das Ding anhatte. Vor der Tür stand blaß und aufgeregt die Eigentümerin des Hotels. »Kommen Sie sofort herunter, es ist etwas Schreckliches passiert«, rief sie. Hastig ging sie mir zur Treppe voraus. In den wenigen Sekunden, die es dauerte, um das Ende des Ganges zu erreichen, sah ich alle Schrecken und Katastrophen vor mir, vor denen ich eine latente Angst hatte. Alle, die mir lieb und teuer waren, sah ich in Gedanken an mir vorbeiziehen, ich sah aufgerissene Autos in Böschungen liegen, Flugzeuge in Ozeane stürzen, ein Fahrrad unter einem Lastwagen herausragen, Flammen aus einem Haus schlagen. An der Treppe holte ich sie ein und packte sie an der Schulter. »Was ist los? Sagen Sie es sofort!« rief ich ihr zu. Doch sie ging noch schneller, nahm im Zwischenstock behende die Kurve und hatte die Hotelhalle bereits erreicht, als ich erst beim Gummibaum angekommen war. Die Hotelgäste standen an beiden Seiten der Treppe, als bildeten sie ein Spalier. Manche trugen Servietten in den Händen, ein kleiner Junge hielt ein Brötchen in der Faust, im Hintergrund stand das Zimmermädchen und schaute mich entsetzt an. Bei der Tür an der Rezeption standen zwei Polizisten in grünen Uniformen; sie hatten sich so aufgestellt, als befürchteten sie einen Fluchtversuch, und versperrten den Ausgang.

Die Hotelbesitzerin hatte sich zu ihnen gestellt und deutete auf mich. »Das ist sie«, sagte sie, während ihr Blick auf mich gerichtet blieb, zu den Polizisten. Ich war verwirrt unten an der Treppe stehengeblieben und hielt mit beiden Händen den Morgenrock, der mir zu klein war, zu. Einer der Polizisten stellte mir sich und seinen Kollegen vor.

Dann machte er eine einladende Handbewegung und sagte: »Wir möchten mit Ihnen reden.« Die Eigentümerin des Hotels ging um die Rezeption herum und öffnete die Tür eines Büros, das sich dahinter befand. Der Polizist wiederholte die Geste. Langsam setzte ich mich in Bewegung und ging an den schweigenden Gästen vorbei in das Büro, in das mir die Polizisten und die Hotelbesitzerin folgten. Einer der Herren schob Stühle heran und bedeutete mir, Platz zu nehmen. Er räusperte sich, vergewisserte sich, ob mein Name mit dem von der Hotelbesitzerin genannten übereinstimme, schaute auf einen Zettel und sprach den Namen meiner Begleitung aus. Die Hotelbesitzerin sagte: »Ja, das stimmt«, ich nickte und spürte ein lähmendes Gefühl in Armen und Beinen; etwas Entsetzliches mußte sich ereignet haben. Er müsse mich auf eine traurige Nachricht vorbereiten, sagte der Polizist, es hätte sich etwas zugetragen, das wahrscheinlich fatal enden würde, zwar gäbe es noch keine Beweise aber... »Was ist passiert?« fuhr ich ihn an. »Ohne Umschweife bitte.« »Wir nehmen an«, sagte er langsam, »daß Ihre Freundin beim Baden ertrunken ist.« Ich hörte die Hotelbesitzerin seufzen, der Polizist, der bisher geschwiegen hatte, rückte auf seinem Stuhl hin und her und saß dann – die Ellbogen auf den Schenkeln, die Hände zwischen den Knien gefaltet – da. Ich sah, wie die Digitaluhr, die auf einem Schreibtisch stand, eine Minute vorrückte, 9.45 Uhr las ich.

»Ein Angler, der in der Umgebung des Zeltplatzes am Fischen war«, fing der Polizist erneut an. Ich unterbrach ihn. »Ist sie tot?« fragte ich. »Hören Sie bitte zu«, sagte der Mann. Der Angler hätte gesehen, wie eine Frau auf der anderen Seite des Zeltplatzes ins Wasser gegangen sei. Aufgefallen sei ihm das vor allem, weil sie nackt gewesen sei, das hätte er aus dieser Entfernung gut sehen können. Er hätte sie noch eine Weile mit den Augen verfolgt und sich über das schnelle Tempo gewundert, in dem sie sich durchs Wasser bewegte. Sie sei nicht in seine Richtung geschwommen, sondern in Richtung Osten, zur Mitte des Stausees also. Weil er durch seine vom starken Wind abgetriebene Angelschnur abgelenkt worden sei, hätte er erst viel später versucht, sie wieder zu lokalisieren, als er meinte, ein schwaches Rufen zu hören. Zuerst hätte er keine Ahnung gehabt, aus welcher Richtung das Rufen käme, aber als das verwehte Geräusch von neuem hörbar wurde, hätte sich seine Aufmerksamkeit auf die Mitte des Sees konzentriert. Er meinte, einen winkenden Arm gesehen zu haben, nur ganz kurz, zu kurz, um sichergehen zu können; er mußte also zugeben, daß er sich getäuscht haben könnte. Durch die starken Wellen wäre es auf die Entfernung auch schwer gewesen zu unterscheiden, was sich dort bewegte. Jedenfalls wäre er unruhig geworden, hätte aus seinem Wohnwagen ein Fernglas geholt und den See abgesucht, aber die Schwimmerin hätte er nicht mehr entdecken können. Wohl hätte er durch das Fernglas deutlich gesehen, daß an der Stelle, wo die Schwimmerin ins Wasser gegangen war, ein Häufchen Kleider lag. All das wären für ihn ausreichende Gründe gewesen, vom Büro des Zeltplatzes die Polizei anzurufen und den Fall zu melden. Die Polizei hätte sofort Großalarm ausgelöst; unter anderem wurde der Kapitän des Vergnügungsdampfers, der gerade abfahren wollte, über Funk gebeten, nach einer Schwimmerin Ausschau zu halten. Ein Patrouillenboot der Polizei hätte eine Suchaktion gestartet, ein Polizeiwagen sei zum Strand gefahren und hätte die Kleider untersucht. Obwohl keine Identitätspapiere gefunden worden seien, hätte die Polizei einen wichtigen Hinweis in der Form eines Zimmerschlüssels bekommen, der an einer Holzkugel hing und auf der der Name des Hotels eingraviert war, in dem die Vermißte wahrscheinlich wohnte. Nachdem die Suchaktion nach einer guten Stunde erfolglos abgebrochen worden war, sei man zu dem Ergebnis gekommen, daß die Frau aller Wahrscheinlichkeit nach ertrunken sei. Solange man jedoch keine Leiche gefunden habe, gälte sie, in Polizeibegriffen, als vermißt. Aber wenn man alle Faktoren berücksichtige, den starken Wind, die Tatsache, daß bei dieser Wetterlage häufig aus der Tiefe aufsteigende, eiskalte Strömungen vorkämen, die auch erfahrene Schwimmer durch Unterkühlung in große Schwierigkeiten bringen könnten, den vielsagenden Umstand, daß die Frau in der dazwischenliegenden Zeit weder zu ihrem Ausgangspunkt zurückgekehrt sei, noch sich irgendwo anders gemeldet hätte, könne er mir keinen anderen Rat geben, als mich auf das Schlimmste gefaßt zu machen.

Ich bat um eine Zigarette. Die Eigentümerin des Hotels reichte mir eine angebrochene Schachtel über den Tisch und legte das Feuerzeug daneben. Alle schwiegen. Es irritierte mich, daß die hier Versammelten von mir eine Reaktion erwarteten und ich nicht wußte, welche. Warum redete der Polizist nicht weiter, es gab doch gewiß noch mehr zu erzählen über das, was geschehen war? Warteten sie auf einen Gefühlsausbruch von mir und empfanden sie mich als hartherzig, wenn ich diese Emotionen nicht zum Ausdruck brachte? Was gingen mich diese Leute an, und warum meinten sie, daß ich jetzt an der Reihe wäre, etwas zu sagen? Ich schämte mich plötzlich, daß ich in dem zu knappen Morgenrock, den ich nun krampfhaft mit einer Hand zuhielt und unter dem sich meine Blöße kaum verbergen ließ, diesen Leuten gegenübersaß.

»Ich möchte mich anziehen«, sagte ich. Der Polizist, der mit gefalteten Händen vornübergebeugt auf seinem Stuhl saß, reckte sich. Er benötige noch Angaben, sagte er, ob ich so freundlich sein wolle, noch kurz hierzubleiben, obwohl er verstehen könne, daß ich mit meinen Gefühlen lieber allein sein wolle. Er wollte wissen, ob Angehörige zu benachrichtigen seien, ob ich das tun wolle oder ob es mir lieber wäre, wenn die Polizei das erledigte. Man hätte auch gerne eine Personenbeschreibung, möglichst eine Photographie, das könne zu gegebener Zeit die Identifikation erleichtern, zu der nach Möglichkeit ein Familienangehöriger oder enger Freund herangezogen werden müsse. Man erwarte, im Gepäck der Vermißten Angaben zu ihrer Person zu finden, aber man wolle nicht hinter meinem Rücken handeln angesichts der Tatsache, daß ich zu dieser Frau eine freundschaftliche Beziehung gehabt hätte. Ich berichtete, was ich wußte, erzählte von dem Bruder in Frankfurt, der als erster darüber informiert werden müsse, und beantwortete die Fragen des Polizisten über Größe, Haar- und Augenfarbe und vermutliches Gewicht der Vermißten. Außer einem großen Muttermal auf dem rechten Oberschenkel konnte ich keine besonderen Kennzeichen nennen.

Ich wollte aufstehen, aber der Polizist bedeutete mir, sitzenzubleiben. Er hätte noch eine Frage, die wahrscheinlich nicht leicht zu beantworten sei, die er mir jedoch der Vollständigkait halber stellen müsse. Gäbe es Gründe für die Vermutung, sagte er langsam, daß meine Bekannte in einem emotionellen Zustand gewesen sei, durch den sie Risiken eingegangen sein könnte, die jemand in einem normalen, das heißt im Zustand seelischen Gleichgewichts, vermieden hätte? Mit anderen Worten: Hätte ich, nach dem, was ich von meiner Bekannten wüßte, Hinweise darauf, daß sie suizidale beziehungsweise selbstdestruktive Neigungen gehabt hätte, die erklären könnten, daß sie sich auf ein so gefährliches Unternehmen wie das Überschwimmen des Stausees eingelassen hatte?

Ich schüttelte den Kopf. Ich würde sie nur ziemlich oberflächlich kennen, antwortete ich, aber ich hätte nicht den Eindruck gehabt, daß meine Bekannte Probleme hätte, die sie nicht hätte bewältigen können. Im Gegenteil, sie wäre voller Zukunftspläne gewesen, sagte ich, es schiene mir unwahrscheinlich, daß sie sich das Leben habe nehmen wollen.

Die Polizisten standen auf. Die Eigentümerin des Hotels sputete sich, ihnen die Tür zu öffnen, ich ging um die Rezeption herum in die Halle. Durch die Tür des Speisezimmers sah ich zwischen den unabgeräumten Tischen, die von den Gästen verlassen worden waren, den Platz, an dem ich mit meiner Begleitung hätte frühstücken sollen. Ordentlich standen sich die zwei Teller und Tassen gegenüber, von Messern und Eierlöffeln flankiert.

Als ich die Treppe hinaufging, hörte ich, wie hinter mir jemand meinen Namen sagte. Das Zimmermädchen war aus der Küche gekommen und sah mich fragend an. Ich schüttelte den Kopf und bedeutete ihr, daß sie mir nicht folgen sollte. Mit einer hilflosen Gebärde verbarg sie ihre Hände unter der weißen Schürze.

In meinem Zimmer zog ich mich eilig an. Ich riß die Kleider, die im Schrank hingen, von den Bügeln und warf sie aufs Bett. Das Dorf verlassen, dem Stausee, der hinter den geschlossenen Vorhängen lag, den Rücken kehren, so schnell wie möglich raus aus diesem Land; das war das einzige, was ich wollte. Irgendwo würde ich einen Ort finden, an dem ich nachdenken könnte, vielleicht zu Hause, vielleicht anderswo. Das Gepäck ins Auto und losfahren; nur wenn ich mich in Bewegung setzte, könnte ich mich selbst retten, wenn ich untätig bliebe, würde etwas Entsetzliches geschehen.

Als ich mit meinem unordentlich gepackten Koffer aus dem Zimmer kam, sah ich die Polizisten gerade in das gegenüberliegende Zimmer treten. Die Hand auf der Türklinke, drehte sich einer von ihnen nach mir um. Nach einem Blick auf meinen Koffer sagte er, daß es tatsächlich wenig Sinn hätte, hier zu warten, es könne schließlich noch Tage, wenn nicht Wochen dauern, bis man die Leiche gefunden hätte. Man würde mit mir Kontakt aufnehmen, sobald es etwas Neues gäbe. Übrigens warte unten jemand auf mich, der mir etwas Wichtiges mitzuteilen hätte. Ich sollte nicht weggehen, ohne mit der Person gesprochen zu haben, legte er mir nahe.

In der Halle saß die alte Dame, mit der ich mich am Vortag im Supermarkt unterhalten hatte. Ich konnte mich nicht erinnern, sie am Morgen unter den Hotelgästen gesehen zu haben. Sie stand auf und kam auf mich zu. Sie hätte von dem Unglück gehört, das meiner Freundin widerfahren sei, sagte sie, es habe sie sehr getroffen, um so mehr, da sie einen netten Kontakt zu ihr gehabt und sie sehr sympathisch gefunden hätte. Zum letzten Mal habe sie heute morgen mit ihr gesprochen, bei ihrem Morgenspaziergang. Sie nehme an, daß sie die letzte war, die meine Freundin gesehen habe, bevor sie auf eine so tragische Weise ums Leben gekommen sei. Sie hätte einen munteren Eindruck gemacht, sagte sie. Sie seien ein paar Minuten nebeneinander hergegangen und hätten einige Worte über den schönen Morgen gewechselt, der einen zwar windigen, aber sonnigen Tag versprach. Meine Freundin hätte auch, nachdem sie sie danach gefragt hätte, über den Heimatabend erzählt, bei dem sie sich sehr vergnügt habe. Aber da sie sich in ihrem Alter nur sehr langsam fortbewegen könne, hätte sich meine Freundin bald von ihr verabschiedet. Das letzte, was sie von ihr gesehen habe, war, daß sie den Weg einschlug, der zum Strand führte, wo, wie man ihr erzählt habe, später ihre Kleider gefunden worden seien.

Obwohl es deutlich war, daß die Frau gerne noch länger mit mir gesprochen hätte, bedankte ich mich bei ihr. Ich müsse noch telefonieren, sagte ich, und dann müßte ich dringend fahren. Sie nickte verständnisvoll und ermahnte mich, vorsichtig zu fahren, ich müsse mich nach einem so schrecklichen Ereignis gut in acht nehmen.

Hättest du nicht früher anrufen können? rief meine Freundin, nachdem sie den Hörer gleich nach dem ersten Klingeln abgenommen hatte. Du warst nicht zu Hause, sagte ich, ich habe es versucht. Doch, sagte sie, gestern abend habe ich die ganze Zeit auf deinen Anruf gewartet. Ich habe es vergessen, sagte ich, es ist etwas Schlimmes passiert. Und hat sie die Brille noch für dich abgenommen? hörte ich sie sagen. Es gibt sie nicht mehr, sagte ich, sie ist tot. Tot? rief meine Freundin. Was ist passiert? Sie ist ertrunken, sagte ich, sie wollte über den Stausee schwimmen. Warum hast du sie nicht gerettet? fragte meine Freundin. Ich war nicht dabei, es ist heute früh passiert, sagte ich. Wo warst du denn, fragte sie, habt ihr Krach gehabt? Nein, sagte ich, keinen Krach, aber alles war sehr kompliziert. Kommst du allein nach Hause, fragte sie, oder soll ich dich abholen? Nein, sagte ich, ich weiß noch nicht, wohin ich gehe. Ich muß nachdenken. Aber sage mir, wo du bist, sonst mache ich mir Sorgen, sagte sie. Ja, sagte ich, ich werde dich anrufen. Und wenn du heimkommst, erzählst du mir dann alles? fragte sie. Ja, antwortete ich, ich werde dir alles erzählen.

Langbroek, Mai bis Juli 1985